文藝春秋

完落ち

警視庁捜査一課「取調室」秘録

赤石晋一郎

捜査一課組織（役職）

捜査一課長（警視正）
｜
理事官（警視）
｜
管理官（警視）
｜
係長（警部）
｜
主任（警部補）
｜
部長刑事（巡査部長）
｜
刑事（巡査・巡査長）

完落ち　警視庁捜査一課「取調室」秘録

目次

カバー写真　末永裕樹
本文写真　共同通信社
装　　幀　関口聖司

完落ち

警視庁捜査一課「取調室」秘録

大峯泰廣氏
警視庁略歴（役職）

向島署
（巡査　巡査長　巡査部長）
亀有署（巡査部長）
昭和55（1980）年7月11日
捜査一課（巡査部長）
昭和58年8月16日
王子署（警部補）
昭和60年4月2日
捜査一課（警部補）
平成3（1991）年3月11日
荻窪署　刑事課長代理（警部）
平成4年8月31日
第一機動捜査隊班長
平成5年3月5日
捜査一課

平成5年9月16日
捜査一課　殺人捜査第四係・係長
平成7年9月6日
捜査一課　殺人捜査第二係・係長
平成11年4月15日
捜査一課　殺人捜査第一係・係長
（以上、警部）
平成12年2月28日
小岩署　刑事課長（警視）
平成14年3月5日
第二機動捜査隊副隊長
平成15年3月4日
捜査一課　管理官
平成17年2月27日
捜査一課　理事官（以上、警視）

序章

疑惑

ロスアンゼルス市ホテル内女性殺人未遂事件 1985

ロス疑惑捜査の思わぬ〝挫折〟が、名刑事の原点にあった。

疑惑報道は週刊誌から始まった

警視庁本部の取調室、大峯泰廣《おおみねやすひろ》の目の前に座る被疑者は、清楚な雰囲気を纏《まと》った女性だった。

彼女の名前は山下千佳子（仮名）。三浦和義の愛人であり、三浦の妻、一美さんに対する殺人未遂事件を起こした容疑者でもあった。

向かい合う大峯は内心苛立《いらだ》ちを隠せなかった。銀縁の眼鏡に鋭い眼が光る。警部補である大峯の取調べ技術は、当時の警視庁捜査一課の中でも指折りとされていた。

だが、取調室のなかにいつもの緊迫感はない。彼女は淡々と供述を続けた。

「私が彼と知り合ったのは一九八〇年ごろです。勤めていた化粧品会社を辞めた私が『何か仕事がないかしら』と相談すると、三浦は『医院の窓口で働き、金を横領するか、会社の会計になって金をかすめるといい』などと、妙なことを言いました。

翌年の初夏ごろ彼から電話があり、いいバイトがあるというので都内の喫茶店で会いました。彼は突然、『君は殺しをやったことがあるか』と言うのです。『冗談でしょう』と返すと、彼は『オレはロサンゼルスで人を殺して埋めたこともある』と言い始めました。そして『仕事を頼みたい。保険金殺人だ』と切り出してきたのです」（以下、山下千佳子の供述は裁判資料等より構成）

千佳子は逮捕という現実に動揺する風でもなかった。供述にも迷いがない。なぜならこの時、彼女はすでにメディアに対して犯行を〝告白〟していたからだ。

大峯は、「三浦の殺人依頼をなぜ受けた？」と尋ねた。

「私が『誰を殺すの？　もしかして奥さん？』と聞いたところ、三浦は『よくわかるね。（妻の）一美だ。あいつは俺の商売の情報を流した。いつか必ず殺してやる』と言いました。三浦から、成功したら千五百万円をチカにやるよと言われました。そしてたとえ話だが、と前置きしてこう言いました。

『ピストルでチカが俺（三浦）の足を撃ち、一美（三浦の妻）の頭めがけて撃ち殺す。その後、チカがピストルを棄ててしまえば〝完全犯罪〟だ。このようにやれば絶対に捕まることはない』と。三浦の言う通りにやれば捕まることはないし、三浦の妻の座に座りたいという気持ちと、千五百万円という大金が手に入ると思い、私は完全にやることを決心してしまいました」

千佳子は三浦和義による「指示」を口にした。〝ロス疑惑〟はここから全面解決に向かうだろう、取調室で大峯はそう確信した。だが、それならばなぜ、大峯は内心の苛立ちを感じたのか……。

一九八四年一月、警視庁内は一冊の週刊誌によって揺れに揺れていた。

『疑惑の銃弾』と題された「週刊文春」の記事はメディアや世論を巻き込んで大騒動になっていた。いわゆる〝ロス疑惑〟である。

一九八一（昭和五十六）年十一月十八日午前、三浦夫妻は当時滞在していたロサンゼルス市内ハーバーフリーウェイ沿いの駐車場で、銃撃事件に遭遇する。

三浦和義はインテリア家具など雑貨を扱う「フルハムロード」を経営する青年実業家だった。妻の一美さんはすらりとした美人で、二人はフルハムロードが販売するTシャツの宣伝用写真を撮影するために夫婦でロサンゼルスを訪れていた。

夫婦は二人組の男に銃撃され、妻は頭を撃たれて意識不明の重体に陥る。夫の三浦も足を撃たれ負傷した。二人は南カリフォルニア大医療センターに救急搬送されるが、一美さんの左頰から入った銃弾は脳の前頭葉まで達していた。

事件から三日後、三浦はアメリカ大統領、カリフォルニア州知事、ロサンゼルス市長のそれぞれに宛てて抗議書を送り付け、被害に対して二十万ドルの補償を要求する。さらに報道陣に対し、「GIVE MAMMY BACK（お母さんを返して）」というメッセージが入ったひとり娘の写真を配布し、被害を訴えた。

三浦はアメリカ軍の協力を取り付け、病床の一美さんを日本の病院に搬送する。三浦が米軍のヘリに大きく発煙筒を振る搬送シーンはテレビでも放映され、妻を守ろうと必死な夫の姿に世間の同情が集まった。

結局、一美さんは意識が戻らぬまま日本の病院で死亡した。異国の地での襲撃事件によって妻を失った夫に対してマスコミの取材が殺到した。三浦和義は悲劇のヒーローとなっていた。

だが週刊文春の記事により、三浦和義に向けられていた同情は一変する。記事ではロサンゼルスの銃撃事件にまつわる〝疑惑〟を詳細に報じていたからだ。

報道によってマスコミが騒ぎ出し、警視庁は上へ下への大騒ぎとなった。

「こんな捜査は無理だ。国際犯の捜査はアメリカ当局の協力が得られなければ立件は不可能だ！」

庁内に坂口勉捜査一課長の怒鳴り声が響いた。

「なんとかアメリカの協力も取り付けましょう。これだけ世間を騒がせている事件を捜査しないわけにはいかない」

寺尾正大《まさひろ》管理官は慎重な口ぶりで説得する。週刊文春が掘り起こした事件を捜査するのか否か、警視庁のなかでも意見が割れていた。

慧眼《けいがん》を持つ男と評される寺尾は警視庁の名物刑事として知られていた。大峯の信頼する上役の一人でもある。大峯は幹部たちのやり取りを聞き、（いずれ自分もロス疑惑に投入されるかもしれない）と感じたという。

とにかく前例のない事件だった。

週刊誌報道が先行したことも異例だし、捜査の最大のネックとなったのが事件現場がロサンゼルスだったということだ。警視庁が海を越えて捜査を行う、その前例が当時はなかった。捜査幹部の中で異論が噴出するのも当然だった。

大峯は警視庁捜査一課の刑事として事件の推移に注目していたが、事態が急展開することになったのが同年春先のことだった。

警視庁に、「三浦和義に殺しを依頼された日本人がいる」という情報が飛びこんできたのだ。さらに五月十六日付の産経新聞が、「私が殺しを頼まれた　ロスの一美さん銃撃の3カ月前　日本人女性が告白」というスクープ記事を書く。

「おい、大峯。お前は明日から〝菊屋橋〟に行け」

ある日大峯は寺尾に呼び止められた。とうとう警視庁捜査一課がロス疑惑の捜査に着手するというのだ。

産経がスクープしたのは、一美さん銃撃事件の前段となった、ロサンゼルスホテル内で起きた殺人未遂事件についての新証言だった。

銃撃事件から三カ月前の、八一年八月十三日のこと。三浦和義夫妻がロサンゼルス市内のリトルトーキョーに位置するニューオータニ・ホテル・アンド・ガーデン（現・ダブルツリー・バイ・ヒルトンホテル）に宿泊していたとき、室内に一人でいた一美さんが見知らぬ女性に襲われ後頭部を殴打されるという事件が起きた。犯行を匿名で産経新聞に「告白」した実行犯が、山下千佳子だった。

東北出身の山下千佳子は「少女漫画に出てくるような薔薇《ばら》色の世界にいってみたい」という憧れを抱き上京している。バスガイド、化粧品会社のマネキンなどの職を転々とした後に、にっかつ新人女優に応募し、二位に選ばれポルノ女優としてデビューした過去もあった。三浦と千佳子は赤坂東急ホテルの一室で密かに行われていたマリファナパーティーで知り合った。千佳子は「三浦の都会的センスや話す内容の教養の高さに惹《ひ》かれ」、その後、愛人関係になったという。

千佳子の存在が明らかになったことで、警視庁は内々に捜査員を招集していた。捜査部隊は若林（忠純・警部）班が主体となって構成された。捜査員は二十人程度とさほど大規模ではないが、若林班ではなかった大峯は応援部隊として寺尾管理官から直々に指名を受けた。

大峯が一九八〇年に警視庁捜査一課に配属されて四年あまり、初めて世間を騒然とさせている大事件の捜査に携われることに、気持ちを高ぶらせていた。

捜査部隊の本部が設置されたのは浅草菊屋橋（現・浅草本町）だった。同所には警視庁の菊屋橋分室があり、女性容疑者の留置場として使用されていた。この建物に極秘裏に、〝ロス疑惑捜査部隊〟を置くことになったのだ。

かっぱ橋道具街からほど近い警視庁菊屋橋分室は、七階建てのオフィスビルのような外観で、捜査部隊の本拠地が設置されたのは二階の会議室だった。ビルの四階から上が女性の留置場となっている。

常に週刊誌報道が先行するなかでの捜査は、思った以上に難航した。

六月には「週刊サンケイ」に「独占！　私は三浦和義から一美さん殺しを強要された！」（六月七日号）という記事が掲載される。今度は匿名ではなく千佳子の「高木瞳（仮名）」という芸名が明かされ、ヌード写真とともに殴打事件の全容を告白するセンセーショナルな作りだった。

記事では殺人依頼についてはこう書かれていた。

〈「彼が言うには、〝仕事を頼みたいんだ。保険金殺人だ〟って…。（中略）私、冗談だとばかり思っていたのが、ロスでそれを実行するなんて、考えてもみなくて…」（と、急に泣き出す）

――気を落ち着かせて…。話を、少し休もうか？

「いえ、大丈夫です。気を使って頂いて…。私、大丈夫ですから…。とにかく拒絶したんです。そしたら〝お前がやらなけりゃ、どうなるか分かってるだろうな〟って…。これまでの彼には見たこともない表情で…。ヤクザが凄《すご》んでいるふうではなく、口もとに薄笑いが浮かんでいるんですが、目は鋭くすわっていました。（中略）〝アメリカから逃げようとしたって、逃げられない。どこへ行ってもすぐ分かるから〟って脅されました」〉

捜査部隊は千佳子の証言の信憑性《しんぴょうせい》について慎重に捜査を続けた。大峯は「一美さん殴打事件」容疑者である千佳子への接触を始めていた。

大峯たちは菊屋橋分室近くのスナックを仕事後のたまり場にしていた。国際通り沿いにあるスナックは分室から歩いてわずか五分の距離にあった。地下一階の十畳あまりの小さな店だ。だが捜査員たちにとっては憧れの店でもあった。なぜならスナックを切り盛りする店主は「ムーディー松島」という芸名で、ＴＢＳドラマ『七人の刑事』の名場面で流れるあのハミングを歌ったプロの歌手だったからだ。刑事たちはムーディー松島のハミングを聞きながら、『七人の刑事』を思い浮かべ事件解決への士気を盛り上げていた。

グラスを片手に大峯は寺尾管理官に聞いた。

「殴打事件が〝ロス疑惑〟への突破口になりそうですね」

「山下の供述次第だな。三浦和義の殴打事件への関与が間違いないのなら、面白いことになるぞ。大峯には山下の取調べを頼む」

事実上、〝ロス疑惑〟捜査の主任捜査官となっていた寺尾正大は闘志を燃やしていた。キーマンの取調べを指示された大峯は、自らの肩に大きな責任がズシリとのしかかっていることを感じた。

一九八五年九月十一日、一美さん殺人未遂事件は大きく動きだす。大峯は事前に千佳子に電話を入れ、マスコミに察知されない場所で落ち合い、警視庁本部庁舎に任意同行した。そのまま千佳子を殺人未遂容疑で逮捕。続いてこの日警視庁は、銀座東急ホテルにいた三浦和義を同じく殺人未遂の容疑で逮捕した。ホテル周辺にはマスコミが殺到し、逮捕ショーさながらの騒動となっていた。

二人の逮捕により、九月十二日、警視庁捜査一課に「ロスアンゼルス市ホテル内女性殺人未遂事件」の捜査本部が正式に設置される。

同時に寺尾らはアメリカ当局に捜査協力を依頼するために、検事と共にロサンゼルスに飛んでいた。ロサンゼルス市警も事件の捜査に苦慮していたため、警視庁との交渉は首尾よくまとまる。捜査当局と郡検察局の協力を取り付けた寺尾は、ロサンゼルス市警から捜査資料を移牒《いちょう》させ、現地での実況見分にも着手した。この日から捜査の主体はロサンゼルス市警から警視庁へ移ることになった。

マスコミの興奮は最高潮に達していた。

警視庁本部庁舎で逮捕状を執行した大峯は、翌日から千佳子の取調べを始めた。

――なぜロサンゼルスに行った。

「三浦は日本では通り魔殺人が流行っているから、ナイフか何かで刺し殺してチカが逃げれば捕まらないと言いました。私は日本でやることに抵抗があったので断ったら、三浦はロス（ロサンゼルス）あたりがいいだろうと提案をしてきた。ロスは犯罪が多くて捕まらず、殺人があっても不自然な場所じゃないから、と言ってきたのです。私は三浦の指示通りに旅行会社に行き、『アメリカ西海岸ツアー』に参加することにしました」

千佳子は三浦から犯行を持ち掛けられるのと同時に、「成功したら結婚しよう」という甘言を囁《ささや》かれ舞い上がっていた。ハンサムな三浦は、都会への憧れを抱いて上京した千佳子にとって夢を叶えてくれるような存在に思えたのだろう。その時の気持ちを、彼女は「何かうそみたいな魅了というか、夢みたいなことだなと思いました」と供述している。

――殺人の打ち合わせはあったのか？

「三浦は私に『銃は使えるか？』と尋ねてきました。私は使ったことないから駄目だと答えたら、『ナイフでやろう』と言い出しました。私はこれも、血がたくさん出るから嫌だと断りました。日程については三浦から一方的に『八月十三日（現地時間）にしますよ』と言われました」

――当日はどういう動きだったのか。

「この日、私は三浦に言われた通りホテルの自室で連絡を待っていました。午前十時ごろ、交換台を通さずにだと思いますが三浦から電話がありました。電話後、すぐ私の部屋に来ました。

三浦は、午後七時頃と……、確実な時間は覚えてないのですが、とにかく時間の指定をしてきたのです。その時間に○○号室に行け、そこに一美が一人でいる。チャイニーズの仮縫いが行くと言ってあるから入れてくれるはずだ。まずドアをノックして、ドアが空いたらすぐ殴れ。何度も何度も、とにかく一美が死ぬまで殴れ。そう言いながらショルダーバッグから布製のズダ袋を取り出し、その中から英字新聞に包まれたものを取り出しました。T字型の鉄のハンマーのようなものを私に見せ、『これで後ろから殴れ』と念を押すような形で私に手渡しました」

――T字のトンカチは、凶器の〝肉叩《たた》き棒〟のことだな。なぜ、それを使うことになったんだ？

「彼からは、いろんな殺し方を提案されました。『拳銃を使ったらどうだ？』とも言われました。けれども、私は『拳銃を撃ったことないから出来ないわ』と嫌がったのです。そうしたら鉄のかたまりを渡されたのです」

――具体的な殺害の指示はあったのか。

「三浦からは『部屋に入ったら、とにかくコレ（肉叩き棒）で顔を何度も何度も殴れ』と言われました。そのあと強盗を装い、ハンドバッグから金目のものを取ったら中身は部屋中にばら撒《ま》け、決して奪ったものは自分で持っているな、それから指紋は綺麗《きれい》に拭き取れよ、と言われました」

――犯行について説明してくれ。

「ドアを開けてもらい部屋に入りました。中国人のふりをした私を一美さんは信用したようで、ベッドのほうまで先に歩いていきました。私は三浦からもらった鉄のかたまりをズダ袋から取り出し、振り上げて後方から一美さんの頭をめがけて振り下ろすように殴りつけました。殴った時、私は前のめりになってしまい、上半身だけくの字型に曲がってしまったことを覚えています。このときの私の心境は、三浦に言われる通りにやれば成功すると信じていました。一美さんを殺そうとして殴ったことは間違いありません。

一美さんは『キャーッ』という大きな悲鳴をあげながら頭を両手でかかえてしゃがみ込んでしまいました。ところが一美さんは振り向きざまに立ち上がり、私の方に向かってきたのです。私はもっと殴りかかろうと思ったのですが、結果的に立ち上がられて出来なかった。揉《も》み合いになり一美さんにハンマーを取られてしまいました。

一美さんはドアのほうに逃げ『ヘルプミー！　ヘルプミー！』と大声で助けを呼び始めました。私が『ごめんなさい』と繰り返し謝ると、一美さんは大声を出すのを止め『あんた三浦の何なのよ』と聞いてきました」

そう語ると千佳子は突然、取調室を飛び出した。慌てて後を追うと、彼女は廊下で俯《うつむ》き号泣していた。

大峯は「なんで泣いているの？」と千佳子に聞いた。

「当時のことを思い出して辛くなりました。とても悔しい経験なんです……」

婦警に慰められながら千佳子はか細い声で答えた。

三浦の愛人だった千佳子について、世間ではポルノ女優時代の過去などがしきりに取り沙汰されていた。だが大峯には、千佳子が世間で騒がれているような軽々しい女性には見えなかった。純粋な心を持った女性。だから人にも騙《だま》されやすい、利用されやすいと言えたし、純粋だからこそ罪の意識に耐えられなかったようにも思えた。

千佳子は犯行現場の一室で呆然と立ち尽くしていたという。一美は夫を電話で呼ぶが、現場を見た三浦は「オレたちはヤバイことをしているじゃないか。警察を呼ぶと厄介だ。何もなかったことにしよう」と妻をなだめ、千佳子には「君は誰だ！　とにかく出ていけ！」と怒鳴りつけた。

三浦の殺人計画は未遂に終わった。

千佳子は殴打事件に関してずっと罪の意識に苛《さいな》まれていた。週刊文春で『疑惑の銃弾』の連載が始まったときには自殺未遂まで図ったという。

しかし、千佳子に罪を全て認めるまでの勇気はなかった。メディアのインタビューや逮捕の当初、彼女は犯行を認めながらも「三浦に脅されてやった」、「一美さんに危険を伝えようとし、殺害の意思はなかった」という趣旨の発言を繰り返していた。

そのことについて彼女は、後に大峯に対してこう反省の弁を述べている。

「(私は)一美さんを殺す意思はなく、三浦に脅迫されて仕方なくやったこととか、ウソをついてきました。しかし私は刑事さんに、本当のことを話すことが罪の償いになることだよと説得されたり、私が今まで話したことの矛盾点をつかれたりして、隠すに隠せなくなってしまい、全てを話すことにしました。逮捕されてからの私はいつ嘘がばれるのか心配でたまりませんでした」

千佳子は大峯の厳しい取調べによって犯行を全て認めたのである。

「一美さんを殺そうとした時の、本当の気持ちや状況について話してから、『露《(ママ)》明けの青空のように』気分が軽くなり、夜もぐっすり眠れるようになりました」

だが、大峯は不完全燃焼の思いに苛まれていた。

週刊文春で始まった「ロス疑惑」報道はメディア先行型の事件となっていた。千佳子は産経新聞や週刊サンケイで三浦和義と共謀して行った犯行について大筋で認めており、大峯に課せられた仕事は報道されている内容を、改めて調書に巻き事実関係を精査する作業だった。唯一出てきた興味深い新事実は、三浦が千佳子に〝拳銃での殺害〟を提案していたことくらいだった。

千佳子の供述により一美さん殴打事件の容疑が固まり、捜査の主眼はとうとう「ロス疑惑」へとシフトした。大峯も殴打事件は露払いに過ぎないと考えていた。〝一美さん銃撃事件〟という本丸を解決してこそ、警視庁の面子が立つというものだ。

捜査開始から四年あまり経過した一九八八年夏、大峯は大阪に向かうことになった。警視庁は銃撃の実行犯と目され、重要参考人となっていたXを逮捕、大峯は大阪に住むXの妻の事情聴取を命じられたのである。

――亭主はレンタカーを借りたことがあるんじゃないか?

大峯は妻に向かってこう聞いた。銃撃事件当時、ハーバーフリーウェイ沿いの事件現場周辺で白いバンの目撃情報があった。しかしXの所有する車は別の色である。仮に実行犯だとするならば、Xは犯行用に改めてレンタカーを借りた可能性がある、と大峯は踏んでいた。

妻ははっきりとした口調でこう供述した。

「その日、夫はレンタカーを借りに行っていました。確か白いバンだったと思います。レンタカー屋は『メイン』とか『バレー』と名前のつくところだったと思います」

大峯は表情一つ変えずに聞いていたが、心の中で、（それだ！）と叫びたい衝動にかられた。

ロサンゼルス側に照会をかけると、すぐにバレー・レンタカーでXが一九八〇年型フォードのエコノライン・バンを借りていたことが判った。借入日は一九八一年十一月十七日――、つまり銃撃事件の前日である。

ロサンゼルス市警の元刑事で、後にロス検事局でも捜査に従事したジミー佐古田氏によれば、寺尾正大は、「バンを発見した」と報告した氏の国際電話に絶句してしまったという。

〈……そのとたん、寺尾の声が遠くなってしまった。

「寺尾さん、寺尾さん、聞こえますか」二、三秒たってから、電話の向こうで長く深い吐息のような音がし、続いて短く速い呼吸音が繰り返し聞こえた。私はフランク（ジミー佐古田の同僚・筆者註）に目を向けて、送話口に手をあてた。

「彼は泣いてるようだ」と囁いてから、また「寺尾さん、寺尾さん、聞こえますか」といった。

「ありがとう、佐古田さん、ありがとう」ふだんは感情を表に出さない警察官が何度も感謝の言葉を繰り返した……〉（ジミー佐古田著・佐々淳行監訳『日米合同捜査―ロス検事局と

警視庁捜査第一課』講談社）

寺尾、大峯ら警視庁捜査一課の刑事たちは、疑惑解明に向けすべての力を注ぎ執念を燃やした。しかし、白いバンの発見を最後に「ロス疑惑」の捜査は徐々に手詰まりを迎えてしまう。

一美さん殴打事件では、千佳子に懲役二年六カ月、三浦和義に懲役六年の実刑判決が下された。しかし警視庁は、その後の捜査で〝一美さん銃撃事件〟の全容を解明することは出来なかった。白いバンと事件の関係性を証明することができず、容疑者とされた人物から供述を取ることも出来なかった。

〝もう一つのロス疑惑〟とされた事件は立件すら出来なかった。一九七九年五月四日に、ロサンゼルス郊外で身元不明のミイラ化した「東洋系」女性の遺体が発見された。この遺体は当初は「身元不明の八十八人目の女性遺体」という意味で「Jane Doe 88（ジェイン・ドウ・88）」と呼称されていた。一九八四年三月二十九日、歯型による遺体照合により身元が確認された。女性は一九七九年に行方不明になっていた女性Bさんだったことが判明、Bさんは三浦と交際していた女性だった。だがBさんがなぜロサンゼルスで遺体となって発見されることになったのか、警視庁は有力な手掛かりを何一つ摑むことが出来なかった。

二〇〇八年二月、ロサンゼルス市警は妻の一美さんを殺害した殺人罪などで、三浦和義容疑者を滞在先の米自治領サイパン島で逮捕したと発表した。カリフォルニア州には重罪の時効はない。「一事不再理」で殺人罪については無効とされたが、共謀罪で有効となった。その後、ロサンゼルスに移送された三浦は同年十月、自ら命を絶った。日本で無罪を勝ち取り、米でも徹底的に争う姿勢を見せていただけに不可解な死であった。日米の捜査当局が続けた「真相解明」は、事件発生から二十七年で決着を見ないまま幕引きとなった。

大峯にとって、ロス疑惑を解決できなかったことは長い刑事生活の中でも大きな挫折として記憶されている。マスコミが事件を発掘し、主導するという「ロス疑惑」特有の難しさはあった。警察の〝狙い〟は事前にマスコミによって広く報じられてしまった。このことは、捜査を進める上での大きな障害でしかなかった。

刑事は犯人をあぶり出し、自供を取らなければならない。ロス疑惑ではそれができなかった。辣腕刑事と呼ばれた男のほろ苦い記憶である——。

昭和、平成は〝事件の時代〟と言っても過言ではないだろう。

ロス疑惑に始まり、宮﨑勤による連続幼女誘拐殺人事件、オウム真理教による地下鉄サリン事件と特異な事件が連続して起こった。大峯はその全ての現場に捜査員として関わることになった。これほど数多くの大事件の捜査に携わった刑事は他にはいないだろう。

大峯は警視庁捜査一課で抜群の力量を示し、後に〝伝説の刑事〟と呼ばれることになる。

類いまれな捜査センスと、〝犯人を落とす〟取調べの技量は、まさに不世出の刑事といえた。そして、その輝かしい経歴の出発点には、ロス疑惑での〝苦い挫折〟があった。

大峯の刑事としての足跡を辿《たど》ることは、そのまま昭和、平成の事件史となるだろうし、数々の犯罪を通して、日本人や日本社会のありよう、その変化を理解する助けにもなるだろう。大峯がどのような経緯で刑事を目指すことになったのか、まずはその生い立ちから振り返っていきたい。

第一章

KO

首都圏連続ノックアウト強盗致死事件 1981

「不審死」で処理された遺体。そこにある惨劇が隠されていた。

港区新橋にあった警視庁仮庁舎
（写真提供 警視庁）

「や、やめてくれ」

少年は小さく叫んだ。

「知らねえよ。自分で取ってきたらどうだ。そら！」

同級生は悪戯《いたずら》っぽく笑うと、筆箱を窓から放り投げた。

小さな弧を描いて空を舞った鉛筆や消しゴムの光景、そして惨めにも校庭に筆箱を拾いに行った自分の姿を、大峯はいまもよく覚えている……。


大峯は一九四八（昭和二十三）年生まれ。小学生の頃は虐《いじ》められっ子だったという。物静かで自己主張が苦手な少年は虐めっ子の同級生の標的となった。筆箱に限らず、教科書などの勉強道具も投げ捨てられるということが日常茶飯事だった。特に身体の大きな同級生に大峯少年はよく虐められていた。いくら乱暴な扱いをうけても、黙って俯くことしかできなかったことは、大峯にとって幼少期の苦い思い出である。

大峯の父親は警察官だった。警察官といっても刑事ではなく、交番勤務を主とする警察官だった。父親がどのような仕事をしていたのか、少年時代には想像できなかった、と大峯は振り返る。ただ、警察官の息子であるのに自分が虐められっ子であるという事実は、少なからず彼のコンプレックスとなっていた。

大峯少年を変えたのは中学生のときに見たあるテレビ番組だった。

当時人気だった『七人の刑事』（ＴＢＳ）という刑事ドラマに大峯は夢中になった。トレンチコートを着て張込みをする刑事たち、強い意志で事件を解決していくその姿に憧れを覚えたのだ。刑事ドラマを見て、大峯は自分も強くあらねばならない、と思うようになったという。剣道に打ち込み、なめられないように自己主張を強くするようになった。進学校の中学に入って環境が変わったこともあり、大峯自身が自己主張を上手くできるようになったことで、虐められることはなくなった。

大峯は、「元来の自分は刑事向きの性格ではなかった」と言う。

幼少期は虐められっ子だったし、中学で打ち込んだ剣道にしても、決して強かったという訳ではない。スポーツの才能はそこそこしかなく、剣道に関してはむしろ弱かったといっていいかもしれない。少年時代の大峯は勉強をよくする優等生タイプであり、進学校に進み、将来は大手企業に入るという手堅い人生を送ろうとしていた。

大峯は学校卒業後、まず専売公社（現在のＪＴ）に就職した。

配属されたのが人事管理や労務管理を行う部署だった。ほとんどは事務作業ばかり。安定した生活ではあるが、やがて単調な仕事が続く日々に飽き飽きするようになった。このままでいいのだろうか、と思い始めたころに頭を過《よ》ぎったのが、思春期に見た『七人の刑事』だった。ドラマの記憶はずっと頭の片隅に残っていたという。

刑事って面白そうな仕事だったな、とあらためて興味を持つようになった。そこで一九七二年、一念発起して公社を辞し、刑事を志すために警視庁に入庁することにした。だから警視庁に入ったときから、「刑事になりたい」という目的意識はひと際強く持っていた。

二十四歳で飛び込んだ警察官の世界は上下関係に厳しく、また純粋に実績が問われる実力主義の社会だった。警察官に採用された者は、まず警察学校に配属され、初任科生として一定期間の研修を命じられる。大卒であれば半年間、高卒だったら十カ月、警察学校で組織教育をたたき込まれる。警察学校の授業は座学だったけれど、捜査の授業はとても面白かった。警察学校での経験が、大峯の刑事になろうという思いをさらに高めてくれた。

警察の仕事は、個人対応の仕事よりも、組織対応の仕事のほうが圧倒的に多い。例えば、デモやスポーツ大会などにおける警備は、組織プレーこそが重要になる。要するに、「組織で対応するのが警察力」という哲学を、警察学校では徹底的に教え込まれる。だから、〝一人の失敗は、全体の責任〟という考え方を警察官は持つ。

大峯の警察学校時代は寮生活だった。警察官として配属されても、最初は独身寮暮らしだった。そこでは一部屋、二人ないし三人で共同生活をしていた。部屋長の先輩が同室にいて、その部屋長が寝るまでは自分も眠ることはできない。警察学校初任科第何期卒業という履歴は、警察官になってからもずっと付いて回る。大峯の卒業は七九六期だ。今ではとうに一〇〇〇期を超えている。期が一期でも上だったら、先輩として一目置かなければならない。厳しい先輩、後輩関係が一生付いて回るのが、警察官独特の風土だといえるだろう。

警察官のスタートは交番勤務から始まる。それはキャリアでもノンキャリアでも同じだ。当時は交番勤務のことを「外勤」と呼び、他を「内勤」と呼んだ。現在は交番勤務を地域警察官と呼ぶようになっている。

内勤とは各所轄の刑事課、生活安全課、警備課や公安係などを指す。刑事になるためにはまず交番勤務で実績をあげ、所轄の内勤になることを目指す必要があった。それが警察官のキャリア形成のスタンダードだった。

大峯が最初に配属されたのは向島《むこうじま》警察署管内の愛国橋交番（現在の京島三丁目交番）だった。

交番勤務時代に大峯の「刑事」としての資質は開花した。数多《あまた》ある交番勤務の仕事のなかで、大峯はとりわけ夜間の職務質問に積極的に取り組んだ。夜の街を巡回し、不審な人物にはこう声をかけた。

——そこの自転車止まりなさい！　無灯火だよ！

大峯は夜勤の度に、怪しげな人物を呼び止めては職務質問を重ねた。

——無灯火は道路交通法違反だ。あれ鍵がついてないじゃないか？

「……………」

——この自転車、君のか？

「はい」

——じゃあ、どこで買ったの？

「いや……」

——買った場所を言えないのはおかしいね？

「……………」

理由を求めて話を展開していくと人間は徐々にボロを出すものだ。質問はなんでもいい。鍵がついてない、防犯登録がないとか、気がついたことをどんどん聞いていく。いわば、いちゃもんをつけるということに近い印象かもしれない。だが職務質問の相手が自転車泥棒だった場合、その積み重ねでやがてシドロモドロになっていくという。

怪しいと思う自転車を呼び止めて質問を重ねることで、面白いように自転車泥棒を検挙できるようになった。当時は自転車が高価だったこともあり、自転車泥棒は逮捕案件だった。

係内では毎月の実績が貼り出される。大峯は二年ほど、ずっと検挙数が一位だった。交番は「明け・日勤・泊まり」と三交代勤務だった。三日に一日は泊まり勤務となるのだが、自転車泥棒を捕まえるのはほとんどが夜だ。泊まり勤務の度に自転車泥棒を見つけた時期もあった。月に十人くらいは検挙していたはずだ、と大峯は言う。

このときに会得した職務質問の感覚が、大峯の「取調べ術」の原点になっているといえる。相手の弱点を見つけそこを突いていく話術が、職務質問で鍛えあげられたのだ。

警察官ほど実力主義が徹底された組織はない。

まず昇任試験に受からないと昇進できない。六法を覚え、実務を覚える。昇進試験では法律と実務、双方の知識が問われる。多くの警官は勤務をこなしながら、時間を作って勉強もしなければならない。休み時間や非番の日に勉強する以外になかった。特に法律の勉強は、捜査では学べないから自分で学習していくしかない。ほとんどの警察官は、昇進試験を経て階級を上げていく。普通の民間企業と違うのは、その過程は大学卒だろうが高校卒だろうが関係ないことだ、と大峯は語る。

そして警察官にとって「実績」は何より大事な要素だ。

自転車泥棒の検挙数で頭一つ抜けた実績を叩きだしていた大峯に、やがて刑事へのチャンスが巡ってくる。署内から推薦される形で「刑事養成講習」へと派遣されることになったのだ。大峯が必死に自転車泥棒を挙げていたのも、刑事養成講習へは実績を上げたもののみが推薦される、という仕組みを知っていたからだった。

刑事養成講習を受けることは刑事への第一歩となる。この講習を受けることが出来るのは各所轄からほぼ一人。つまり刑事はそれだけ狭き門でもあった。

約半年間の講習では「座学」で法律を、「実務」で捜査の基本を教わる。例えば実務講習では「質屋まわり」などがある。質屋の台帳をめくっていき盗難品がないかをチェックする捜査方法を学ぶのだ。時計の製造番号をメモに記録し、担当官に盗難届が出ていないかの照会をかける。そうした捜査手続きのひとつひとつを実務講習で学んでいく。

各所轄から集められた刑事の卵たちは、やがて同窓として友情を深めていく。そのなかで、大峯と気が合った男の一人に市原義夫がいた。

講習を終えると、若手警察官たちは「きょうは飲むか！」と、気が合う仲間と新橋・田村町にある居酒屋に向かう。

麻布署からきた市原はひょろっとした体形ながら、端整な顔立ちをした男だった。弁が立ち、キレ者という雰囲気だ。彼は四課、つまり暴力団担当の刑事を志望していた。捜査一課でコロシの刑事を目指していた大峯と志望は違ったが、なぜかウマが合った。

「大峯はなんで刑事になろうと思ったのさ」

市原は酒を呷《あお》りながら口にする。

「『七人の刑事』を見て憧れたからだね。カッコよかった」

大峯は上機嫌に答えた。

「お、七人の刑事ね。見た見た。俺は『事件記者』も好きだったな。事件を解決する刑事ってカッコいいよな〜」

他愛ないきっかけだが、お互い刑事への強い憧れを持っていた。

「市《いっ》ちゃんはどうやって刑事講習に推薦されたんだ？」

「涙ぐましい努力をしたんだよ。俺は留置場担当だったんだけど、いつも刑事部屋に顔出して。みなに顔を覚えてもらえるように努力したのさ」

刑事課看守係は刑事の基礎を作ると言われている。当時の警察組織では看守係は刑事課の業務とされていた。新人刑事の多くは留置場を担当させられた。なぜか。留置場では日常的に容疑者と接することになる。容疑者を見て彼ら彼女らと話をすることで、その心理を知ることが出来るのである。平たく言えば、〝犯罪心理学〟を実践的に学ぶことが出来るのだ。そうした経験は、後の捜査や取調べで大いに活きることになる。

大峯は市原の話にピンときて聞いた。

「お茶汲《く》みしたんだろ」

「そうそう。これがけっこう難しくてな。刑事全員の名前と、それぞれが使っている茶碗を覚えないといけない。お茶も渋いのが好きとか、人によって好みが違うんだよな」

刑事は〝お茶汲み三年〟を経て一人前になると言われている。下働きをすることで厳しい縦社会の仕組みを覚えるのと同時に、人間的な細やかさを身につけられるという二つの意味がある。

「ある日さ。茶碗を洗っておいたら、その刑事さんが『俺の湯飲み洗ったの誰だ！』と怒り出して。私ですと言ったら、『そんなんでデカになれんのか！』と凄い怒られてさ」

「どういうことなんだ」

「つまり茶アカが落ちるとツキも落ちるというんだ。『俺のツキが落ちるだろ！』と凄い剣幕で怒られてさ」

「そりゃ、参るなよな」

笑いながら他愛もない話で酒杯を傾けた。

「いつか俺たちで、大事件を解決しような」

「そうだな、大峯」

大峯たちは真剣に学び、刑事という目標を実現させようと誓いあった。

二十年後、大峯と市原はある事件で再会することになるのだが、その事件については後述する。

刑事養成講習を終えた大峯は、向島署に戻り刑事課留置係を経て、刑事としてのキャリアをスタートさせた。

刑事の基本は窃盗犯捜査だ。新人刑事の場合、まず窃盗犯捜査に従事することが多かった。いわゆる〝泥刑（泥棒刑事）〟だ。なぜ基本なのかというと、犯罪統計上いちばん多い犯罪が窃盗犯であり、捜査の基本を身につけることができるからだ。捜査を通じて指紋、電話の発信歴、土地勘情報など各種照会の捜査手続きを覚えていく。また窃盗犯を多数取調べることは、留置係とは違った側面から犯罪心理学を学習する場となった。窃盗犯には常習性があること、どのような時に彼らは犯行に手を染めるかなど、犯罪を実行する者の心の傾向を学ぶことができる。

大峯はその後、向島署や亀有署で刑事としてキャリアを積んだ。目指すは警視庁捜査一課の刑事だ。連続事件や凶悪事件など大きな事件を取り扱う。解決に導けば新聞でも大々的に報じられる。警察の〝花形部門〟に配属されることを大峯は夢見ていた。


警視庁捜査一課――。

そこは刑事を志すものにとっての聖地だ。一九八〇（昭和五十五）年七月、その憧れの部署に大峯は配属された。当時、三十三歳の警察官だった大峯の胸は高鳴っていた。

サラリーマンが行き交う街、新橋。刑事の制服もスーツに革靴である。ねずみ色の雑踏に溶け込むようにして歩きながら、大峯はある場所を目指していた。

当時、桜田門に位置する警視庁本部庁舎は建て替え工事が終わったばかりで、捜査一課はまだ新橋のオフィスビルを間借りしていた。

四十〜五十代のベテラン刑事が揃《そろ》う捜査一課の雰囲気は、若い刑事にとっては緊張を強いられるものだった。

「お前、ちょっと来い！」

ある日〝殺し〟の部屋の前を通りかかったとき、殺人犯係主任に呼び止められた。

当時の警視庁は、部門ごとに部屋が割り当てられていて、大峯が配属されたのは捜査一課の強盗犯五組、通称〝タタキ〟と呼ばれていた。〝殺し〟、いわゆる殺人犯係は、「大部屋」と呼ばれる六十畳くらいの広いスペースに陣取っていた。一課の中でも猛者《もさ》ばかりが揃う〝虎の穴〟のような場所だ。一方で、タタキの部屋は十四、五畳くらいと、〝殺し〟に比べるとかなり狭い。殺人は「係」、強盗は「組」で班分けされていた。

そのタタキの新米刑事が、よりによって〝殺し〟の主任に声をかけられたのだ。

「お前、どこから来たんだ？」

「亀有署から来ました！」

大峯は上ずった声で答えた。相手は五十過ぎの古参刑事だ。

「亀有では何をしていたんだ」

「強行犯捜査係をやっていました」

鋭い視線が突き刺さる。大峯が捜査一課の刑事として相応しいのか、まるで値踏みをされているかのように感じられた。

主任はこう諭すように話した。

「捜査一課には風習がある。各係には部屋長という者がいる。階級は関係ない。部屋長の言うことは絶対だぞ。わかったか！」

捜査一課には捜査一課の〝流儀〟というものがあった。

部屋長は所轄にはない警視庁独特の風習だ。警察には部屋主任という役職はあるが、部屋長という役職はない。部屋長はいわゆる刑事部屋のヌシのようなもの。腕利きのベテラン巡査部長が部屋長と呼ばれることが多かった。

捜査一課に配属された大峯の最初の仕事は、〝お茶汲み〟だった。刑事講習で知り合った市原も口にしていた新人の仕事である。みなが出勤する朝八時前には部屋で待機して、「おはようございます」と挨拶をしながら一人一人にお茶を出すのだ。この役割も役職は関係ない。警視庁捜査一課に配属された新入りは必ず行う通過儀礼のようなものだった。階級が下であろうが上であろうが関係ない。実際に大峯は巡査部長として配属されたが、階級が下である巡査長にもお茶を出していた。

古株を尊ぶという独特な「年功序列」と「実力主義」の世界、それが当時の捜査一課だった。

大峯が所属した強盗犯五組は主任、部屋長が各一人、部長三人、巡査長が一人という六名体制だった。〝捜査のプロ〟として専念できたので仕事は楽しかった。所轄では刑事は様々な仕事に追われる。捜査だけではなく、例えばデモやイベントの警備などに駆り出されるのは日常のことだった。

事件が発生すると、まず所轄の署に捜査本部が設置される。大峯ら捜査一課の刑事も捜査本部に派遣される。署では毎朝、捜査会議が開かれる。所轄の刑事時代は捜査会議には入れなかったから、「最初は勝手がわからず緊張した」と大峯は言う。

捜査会議では主任が捜査員を質問攻めにする。これが恐ろしい。下手な報告をすると「ツメが甘い」、「もう一回行ってこい」と叱責されることは日常茶飯事だ。刑事たちは家にも帰れずに、警察署の道場に泊まることも多かった。

捜査一課に配属されて間もなく、大峯はある現場を踏むことになった。

高円寺の駅近くの路上で、初老の男性が頭から血を流し死亡しているところを発見されるという事件が起きたのだ。早速、捜査本部が設置され、強盗犯五組が投入された。

捜査の指揮を執ったのが、係長の寺尾正大だった。大仏のような風貌の寺尾はまだ四十歳手前の若さだ。大峯とは六歳違い。これが、生涯長い付き合いとなる寺尾正大との最初の出会いだった。

聞くと寺尾は、内閣調査室にいたのを自分から希望して捜査一課に着任したという。刑事の経験は浅草署で刑事課長代理など短い。大峯は所轄時代から刑事一筋で、（こんな奴に捜査ができるのか）と思った。

変死者は初老の会社員だった。大峯たちはまず聞き込みを始めた。目的は事件性があるかどうかを確かめるための目撃者捜しだ。

不審に思えたのは、持ち物が路上に散らばっていたことだった。酔って転倒して亡くなったにしては派手な散乱の仕方だった。男が所持していたと思われる週刊誌が近くの住宅敷地内から発見された。

しかしいくら聞き込みをしても目撃者が出てこなかった。一週間で捜査は打ち切りとなり、「変死事件」として処理されることになった。


そのころ首都圏では奇妙な強盗事件が続けざまに起きていた。発生エリアは東京、埼玉など関東広域に及んでいた。

被害者を失神させて金品を奪うその手口から、マスコミは「ＫＯ（ノックアウト）強盗」と名付け、恐怖を煽《あお》っていた。

世論に押されるような形で警視庁も動く。上野周辺で被害が多かったという理由で、上野署に捜査本部が置かれることになった。

警視庁捜査一課には、「事件番」という制度がある。事件番となった係は本部で待機を命じられる。いざ事件が起きると、事件番の係が現場に投入されるわけだ。事件がないときの事件番は暇なので、将棋や囲碁をしている刑事が多かった。あるいは、捜査を終えた事件記録の製本作業などをして時を過ごす。

上野の捜査本部には強盗犯の捜査係長の寺尾、事件番だった大峯が所属する強盗犯五組が派遣されることになった。高円寺の事件と同じメンバーだ。


大峯にとっては初めての大きな事件だった。

強盗被害は無数に出ていたうえに、ＫＯ強盗の暴行により死亡したガイシャ（被害者）もいた。強盗致死が出たことで凶悪事件と判断された。初め十数名だった捜査員は、直《す》ぐに五十名規模まで拡大された。

捜査員はみなどうすればホシ（犯人）を挙げられるか、と頭を悩ましていた。被害者は突然襲われ失神しており、犯人の顔を見ていない。具体的な目撃証言も乏しく、犯人像は杳《よう》として判らない。連続通り魔的な犯行の捜査は苦戦が予想された。

そんなときに、捜査指揮を執っていた寺尾がこう言い出した。

「マグロの捜査をやろうじゃないか」

言葉を聞いて捜査員は一同、理由がわからずポカンとした顔をしていた。大峯も、「この若い係長は何を言い出すんだ」と、この時は思ったという。

〝マグロ〟というのは「仮睡盗《かすいとう》」のことを指す刑事独特の隠語だ。仮睡盗とは駅構内などで酔い潰れ寝ている人間から財布などを抜くコソ泥のことだ。市場に転がされている冷凍マグロのように動かない酔客を狙い犯行に及ぶので、刑事の間でマグロと呼ばれるようになったそうだ。

寺尾係長の捜査方針は一見突飛に思えたが、よく考えると筋は通っていた。

まずターゲットを物色して、無差別に犯行に及ぶという手口はKO強盗も仮睡盗も似ている。マグロをする奴も二人一組で犯行に及ぶケースがある。一人は見張り役で、一人は財布を抜く係という具合だ。

ホシは酔客を狙いマグロやKO強盗を繰り返していたんじゃないか。寺尾はそう読んでいた。

さっそく上野駅を中心に特別捜査網が張り巡らされた。終電間際の駅のホームに配置された大峯ら私服刑事は、面白いように次々とマグロを検挙してきた。

大峯は所轄の刑事時代から取調べ術には少しばかり自信があった。亀有署の強行犯係にいたとき、連続強姦事件が起きた。犯行は小松川、小岩、綾瀬、亀有の各所轄の管内で連続しており、KO強盗にも似た広域事件となっていた。泥棒崩れが犯人じゃないかという捜査方針が立てられ、連続窃盗犯を大峯が取調べることになった。

強姦の証拠は何もなかった。そこで大峯は心理戦を仕掛けることにした。現場写真を突きつけて、全てを知っている風を装って、

「もう割れているんだぞ」

と呟《つぶや》いた。すると犯人が強姦の自供を始めた。

――捜査一課でも早くホシを挙げたい。

少しばかり腕に自信があったので意気込みだけはあった。しかし、捜査一課は所轄とはレベルが違う。配属されて間もない新米刑事に重要な役割はなかなか与えられなかった。取調べは慣習として、係長や部屋主任、部屋長などベテラン刑事が行うことが多かった。だが、チャンスはいきなり訪れた。上野署の刑事が挙げてきたマグロ犯は二十九名にも及んでいた。取調べ官の数が足りなくなり、大峯にもその任務が回ってきたのだ。

上野署の取調室は二階フロアの一角にある。

朝からの取調べ。机と椅子だけの殺風景な部屋に入ってきたのは、無骨な顔をした遊び人風の男だった。

谷本武美――。

警視庁捜査一課に配属されてから大峯が初めて取調べをすることになった男の名前であ

る。まず大峯は、午前中をかけて谷本の身の上話を聞くことに徹した。

谷本は愛媛出身だった。髪型は坊主頭と無骨ではあるけれど、服装はジーンズに柄シャツという派手な格好をしていた。その雰囲気から、コイツには何か裏がありそうだと大峯は感じたという。谷本はこう話した。

「私の実家は神社でした。父親は宮司で私が跡継ぎと言われていました。でも、とにかく宮司にだけはなりたくなかったんですよ。それで愛媛から出ることにしたんです」

――東京では何をしようと思っていたんだ？

「目的はありませんでした。東京に出てくれれば、なんとかなるだろうと思って上京しました」

愛媛の宮司の息子としての葛藤、悩みを彼は滔々《とうとう》と話した。しかし東京に出てきてからは無為徒食の生活を送っていた。定職に就いたこともなかった。

――生活費はどうしていたんだ？

「酔い潰れた人間から財布を抜いたりしていました」

マグロをいったい何件したのか、と大峯は細かく詰めていった。

――マグロをした駅を言ってみろ。

「上野、赤羽……」

谷本は犯行現場についてスラスラと吐き出した。赤羽という言葉を大峯は聞き逃さなかった。赤羽ではＫＯ強盗が発生していた。

大峯はとうとう本題を切り出すことにした。

――お前がやっているのはマグロだけじゃないよな。タタキ（強盗）もあるだろ？　それも話さないと駄目だよ。

取調室が沈黙に包まれた。

「はい。やっています……」

谷本はあっさり口を割った。

こいつだったのか。大峯は心の中で驚愕《きょうがく》していた。

割り振られた容疑者に対して、ＫＯ強盗の可能性を見越して取調べはしていたが、まさか自分が最初に調べをした人間が真犯人だとは思いもしなかったのだ。

――谷本っ、お前が赤羽でやったタタキの話をしてみろよ。

「はい。二人一組で強盗をやっていました。相棒は相沢（定昭）という男です」

自供によると谷本らの手口は次のようなものだった。

金を持っていそうな男性を見つけ、二人組で尾行を続ける。人気のないところに差し掛かったら谷本が正面に回る。そして正面から男性のほうに歩いていき、すれ違いざまに右手で首に喉輪をかまして、同時に柔道技である大外刈りを仕掛け地面に叩き付ける。谷本はそのまま男性を地面に押さえ込む。頭をあげようとするところを、相棒の相沢が思いっきり頭を踏みつける。頭をアスファルトに強く打ちつけられて、ほとんどの人間は失神する。そこで金目の物を奪う。

――相棒の相沢とはどのようにして知り合ったんだ？

「マグロ仲間でした。現場で一緒になるうちに、二人一組でマグロをするようになりました。しかし酔い潰れた人間を物色するだけでは、あまり実入りがよくない。たいして金を持っていないケースも多かった。より効率的に金を稼ぐ方法はないか、と犯行を思いつきました」

寺尾係長の筋読みは当たっていた。所轄で身につけた調べの方法を、警視庁捜査一課でも生かすことが出来たことは、大峯にとって大きな自信となった。証拠は何もない。全てを知っているぞ、という雰囲気で相手を諭すのは、大峯の常套《じょうとう》手段だった。

谷本の身の上話を全て聞いていたことも功を奏したのだろう。刑事に親近感を持たせるというのもその効果の一つだが、それだけではない。相手の話をじっくり聞いていくことで、犯人は逆に追い詰められたような心理状態になるのだ。なぜかといえば、全てを話し終えると、後に残されたのは「犯罪」の話だけだと犯人は自覚し始める。その心理的プレッシャーを利用して諭しにかかるわけだ。

大峯は取調べで一つだけ谷本に話さなかったことがあった。それは一部の被害者が死亡していたという情報だ。強盗致死となれば重罪となる。事実を知れば谷本の口が重くなる可能性があった。谷本には何も伝えずに、まずは全面自供させることを優先した。

取調べでは警察署管内の地図を次々に渡し、谷本に印を付けさせた。その地図をもとに引き当たり捜査に入る。いわゆる現場検証だ。谷本は全ての犯行現場を正確に覚えていた。入念に下調べをして犯行を行っていた証だった。

彼らの犯行は駅を起点に繰り返されていた。駅周辺で四～五件の犯行を行い、アシが付かないうちに場所を変える。異常だったのは毎日のように強盗を繰り返していたことだ。金持ちに見える男性がいたらゴーという感覚といえた。

谷本には窃盗の前科もあった。

窃盗のような犯罪は緊張感とスリルがあるので癖になると言われている。簡単に大金が入るので、真面目に仕事をしようという気にもならない。犯罪心理学的には、連続してKO強盗を行うこと自体が彼らの快感になっていた、と分析できる。

谷本が自供した事件の一つに高円寺のケースがあった。寺尾係長と強盗犯五組で捜査に入り〝変死〟のままになってしまったあの事件だ。

後に大峯が、「高円寺は被害者が死んでいるぞ」と告げたとき、谷本は一瞬固まった。そして、

「やっぱりなー。あのときグシャっていったもんな」

悪びれる様子もなく言った。彼はノリ良く、得意げにどんどん犯行を自供した。時には身振り手振りを交えてだ。罪の意識はかなり低かった。

実際に谷本が自供した犯行は二百件を超えていた。そのなかで証拠の確実なものだけ起訴に持っていった。強盗致死の逮捕状をとった段階で、谷本の身柄は警視庁に持っていくことになった。

〈KO強盗、166件確認　死者4、負傷109人　捜査終わる

五十二年夏から都内はじめ首都圏の盛り場で連続発生したKO強盗事件を捜査していた警視庁捜査一課と埼玉県警、上野署など合同捜査本部は十一日、犯行グループ二十人を送検、一人を指名手配して六カ月に及ぶ捜査を終了した。自供のあった犯行件数は約二百件、うち百六十六件を確認したが、襲われた際のケガが原因で死んだ被害者は四人、ケガをした人は百九人、奪われた金は約三千五百万円に達した〉（一九八一年六月十一日付「毎日新聞」夕刊）

新聞では犯行グループによる組織犯罪のように書かれているが、ほとんどの事件が谷本と相沢のコンビによるものだった。逮捕されたマグロ犯の中に、彼らを真似て犯行を重ねた人間が何人もいたということで、「犯行グループ」と新聞は書いたのだろう。

取調べのなかで、饒舌《じょうぜつ》な谷本が頑《かたく》なに口を閉ざしていたのが本当の犯行動機だった。彼は酒も煙草もギャンブルもしない。はたして数千万円もの金を何に使っていたのか。話はKO強盗事件の捜査本部が設置される数カ月前に遡《さかのぼ》る。

大峯は「新宿三丁目新聞配達員殺人事件」の捜査に応援で従事していた。この事件は午前三時ごろに新聞を配達していた配達員が酔客に暴行を受け亡くなったというもの。犯行現場が新宿三丁目のあたりだった。

酔客は新宿二丁目で飲んでいたことが判り、捜査員は連日二丁目のゲイバーで聞き込みを行うことになった。

男色の世界は奥深い。デブ専、韓国系、ボディビル系……、多種多様な好みの店が二丁目にはあった。サウナに聞き込みに行けば、そこはいわゆる〝発展場《はってんば》〟となっていた。大部屋にマットレスが敷かれており、ハードコアと呼ばれるアナルセックスを目のあたりにすることもあった。

事件は二丁目で看板を蹴飛ばした客がいたという目撃情報を頼りに犯人逮捕に至った。このときの捜査経験が取調べでも活きたのだ。

捜査員から、谷本の自宅から男の写真が何枚も出てきたという報告があがっていた。大峯はピンときた。頬に手を添えてこう質《ただ》した。

――お前はコレか？

谷本は坊主頭にガッチリした体格の男らしい風貌をしている。同性愛は彼が世間に隠していた秘部だった。谷本は顔を歪め告白した。

「実はそうです……」

――強盗した金は何に使った？

「愛人を連れて買い物に行くことが私の唯一の楽しみでした」

彼はうなだれながら告白をした。

愛媛から上京した谷本の唯一といっていい趣味が、新宿二丁目に行くことだった。

そこで彼は若い男性と関係を持つようになり、食事や服や貴金属類を貢いでいた。

谷本は女性を知らなかった。男性としか付き合ったことがなかったのだ。ゆえに新宿二丁目に通い詰めるようになった。生活費と、男の愛人に貢ぐために犯行に手を染めた。自らの欲望のためだけに四年あまりもＫＯ強盗を繰り返していたのだ。


ＫＯ強盗事件の捜査で谷本から全面自供を引き出したことは、大峯にとって警視庁捜査一課に配属されてからの初手柄となった。

しかし、同時に自らの力不足を知らされることになる。

谷本の自白を元に、大峯は亀有に引き当たり捜査に向かったことがあった。亀有駅からかなり遠い水元公園周辺で谷本は犯行に及んだという。

現場は人気のない殺風景な路地だった。跪《ひざまず》いて灰色のアスファルトの表面を眺めたとき、大峯はハッとした。

場所に確かに見覚えがあった。亀有署の刑事時代、水元公園近くで初老の労働者が頭から血を流して歩道で倒れていた事件があった。遺留品のなかに金目のものはなかった。飲み屋街の近くということもあり、大峯は酔って転倒して亡くなったと判断し、事故死として報告した。

　この労働者も実はＫＯ強盗の被害者だったのだ。

　遺留品のなかに財布がないなど事件性を疑わせる部分があったのに、当時の大峯は気づけなかった。事故死として処理したことで監察医による解剖も行っていなかった。行政解剖でも司法解剖でも死因の解明は出来る。頭部損傷による頭蓋内出血などの診断と、犯行の具体的な供述が一致すれば立件もできた。強盗致死事件として、この水元の件を立件することができなかったことは痛恨の極みだった。

「あのとき俺はなぜ死体を解剖に回さなかったんだ。あまりに軽はずみな判断だった」

　大峯は天を仰いだ。

　当時、世間を震撼《しんかん》させたＫＯ強盗事件はこうして幕を閉じた。谷本には無期懲役の判決が下された。

　事件を解決することは快感でもあり、後悔でもある――。大峯が仕事を終えて傾けた酒のグラスは、苦い味がした。

第二章 「警官」

宝石商強盗殺人事件 1984

退職した〝理想の警察官〟は、なぜ取調室で激昂したのか。

犯行を振り返った書籍を刊行

その一報が入ったのは、一九八四（昭和五十九）年十月のことだった。

「これ事件性あると思いますよ」

家出人捜索願を受けた王子署の防犯係の職員が、刑事課長を訪ねてきたのだ。聞けば捜索願を出したのは、宝石商、太田三起男氏の内縁の妻だという。

「澤地和夫という男に会うと言って出かけたきり夫が帰ってこない。失踪する理由が思い当たらない」

彼女はこう訝《いぶか》しがっていた。

前代未聞の連続強盗殺人事件は、この一言から始まった――。


そのころ大峯の勤務地は警視庁捜査一課から王子署（北区）へと変わっていた。警察官には人事異動がつきものだ。

警視庁捜査一課強盗犯捜査係で「ＫＯ強盗致死事件」を担当した後、大峯は殺人犯捜査九係に転じていた。〝殺し〟の刑事として『無尽蔵（古物商店）』店主殺人遺棄事件」など四件の殺人事件を担当した。昇任試験に合格し階級は「警部補」になっていた。丸三年を捜査一課で過ごし仕事も充実していた。だが、やがて一課を離れなければならない時が来ることも理解していた。

その辞令が出たのが一九八三年七月だった。行き先は王子署で、警ら係長（今で言う地域課）として赴任することになった。

飛鳥山《あすかやま》公園という桜の名所の先に王子署はあった。刑事時代はスーツが基本だったので、久しぶりの制服勤務だ。もちろん刑事の仕事をやりたかったが、こればかりは空席が出るのを待つしかない。当時は王子署刑事課に人員の空きがなかった。

刑事として復帰したのは半年後。王子署の刑事課・強行犯捜査係長として部内異動の辞令が出た。刑事課には鑑識係、強行犯捜査係、知能犯捜査係、窃盗犯捜査係、暴力犯捜査係があり、当時の強行犯捜査係は大峯係長以下、三名の布陣だった。

「大峯です。よろしく」

小さなチームのトップとして任命された大峯は手短かに挨拶をした。

部下は二人。まだ二十代と若く明るいタイプの田中清巡査長、三十後半で堅実な性格の楠本秀臣巡査部長だ。田中巡査長は刑事の経験がなく大峯の指導が必要だった。楠本巡査部長は中堅であり、仕事を一任出来るしっかり者だった。

しかし、捜査一課にいる猛者に比べれば、いささか心許《こころもと》ない布陣であることは確かだ。防犯係の相談を受けた刑事課長から、大峯は強行犯捜査係で事案を検討するよう指示を受けた。大峯も事件性の匂いを強く感じ、すぐに捜査に着手することにした。係長になれば独断で捜査を開始できる。

早速、三人のチームで地取りを開始した。

行方不明になる前の太田氏が向かったのが、池袋のサンシャインシティプリンスホテルだった。だがホテルの駐車場に太田氏が乗っていった赤い乗用車はなかった。そこで大峯と田中で、周辺の駐車場をしらみ潰しに調べあげた。

「係長！　ありました‼」

田中巡査長が声を弾ませて走ってきた。

西武デパート近くの駐車場に赤い車があったのだ。この車は太田氏の内縁の妻が所有していたもので、ナンバー照会の結果、太田氏が使っていたものと断定された。

駐車場の記録を調べると、澤地に会うと言った日から車はずっと止められたままだった。

「これはおかしいな。澤地という男と何かがあった可能性が高い。ヤツを洗おう」

大峯は田中に指示を出した。捜査関係事項照会書を用意させ戸籍等を洗い出し、徹底的に周辺者に聞き込みを行った。その結果、出てきたプロフィールは意外なものだった。

澤地和夫は旧姓・橋本和夫といって元警察官だった。現在は探偵事務所を経営しているという。

当時の捜査メモにはこうある。

〈昭和33年9月、高校卒業後に警視庁巡査として採用。警察学校卒業後、大森署巡査部長に配属され、その後、機動隊に転勤。60年安保でデモ警備を担当する。〃橋長（ハシチョウ・橋本巡査部長）〃と呼ばれ部下・同僚から信頼をされていた。昭和55年1月、東村山警察署警備係長警部補退職、任警部（退職時に階級が上がった）となる〉

元同僚に聴取すると、現役時代の澤地は周囲から尊敬される〃理想の警察官〃だったことがわかった。四十代で退官しビジネスに着手したことで、華麗なる転身を図ったと周囲には思われていた。

しかし、元同僚によれば、澤地は多くの人間から借金を重ねているという。なぜ借金を背負うことになったのか。

澤地は退官後、新宿の一等地に「はし長《ちょう》」という居酒屋をオープンした。店名の〃ハシチョウ〃は警察官時代のあだ名だ。澤地が退官後も、警察官としての自負と自尊心から離れられなかったことが、居酒屋の店名にも表れていた。

開設資金の四千万円は借金で賄った。保証協会から七百万円、国民金融公庫から二千三百万円、サラ金から五百万円、信用金庫から五百万円を借り入れていることもわかった。

保証人はいずれも警官時代の元同僚か部下だった。素人商売の難しさで経営は火の車だったという。

ある警察官はこう証言した。

「はし長では、『金の鯛を食わせる』と噂になっていました」

店の客はほぼ警官。そこで澤地はタダで酒を飲ませ、後で借金を申し込むことを繰り返していた。タダより高い物はない。そういう意味で「金の鯛を食わせる」と揶揄《やゆ》されていたのだ。

結局「はし長」は八三年に負債一億五千万円を抱えて倒産していた。その上、姓を橋本から澤地へと変えていた。姓まで変えたのは多額の借金が原因である可能性が高かった。

大峯はまず澤地を署に呼ぶことにした。ところが澤地は署の受付まで来たものの、踵《きびす》を返して聴取を受けないまま帰ってしまった。

「ますます変だ。やつは借金返済に追われていたはずだ。動機はあるな」

大峯は疑念を深めた。同じ頃、築地署のマル暴担当刑事からこんな情報が寄せられた。

「澤地という男が暴力団員に宝石を売っている」

行方不明になったのは宝石商だ。これは大事件だ、間違いない。大峯はそう確信した。

しかし所轄の刑事は、捜査以外にも警備等の雑務もこなさなければならない。先に述べたように王子署の強行犯捜査係の人員は三人しかいない。大峯は思案したうえで、警視庁捜査一課に協力要請をかけることを決断した。

事件化はしていないものの事件である可能性が高い案件を捜査することを、「掘り起こし事件」という。捜査一課に掘り起こし事件の捜査を要請するときは、警視庁捜査一課庶務担当管理官が受付窓口となっていた。

当時の管理官は古賀美文《よしふみ》だった。ところが大峯が警視庁に問い合わせると、古賀は警察大学校での研修に行っており長期不在だという。

堅実な捜査で情報を吸い上げてきた田中巡査長と楠本巡査部長の働きは素晴らしく、大峯は王子署強行犯捜査係の長として何としてもこの事件を解決したいと燃えていた。これは直談判しかないな、と行動に移すことにした。

「管理官、事件は急を要します。ぜひ一課の力を貸してください！」

大峯は深く頭を下げた。

「警察大学校まで押しかけてくるとはな……」

古賀は苦笑いをするしかなかった。

「ぜひご検討をお願いします」

大峯は事件性があると思う理由をまとめたレポート、人間関係を書いたチャート図を渡した。強行犯捜査係の三人で調べ上げたレポートを読めば、捜査一課は必ず動いてくれると信じていた。

果たして研修を終えた古賀管理官から、「捜査をやるぞ」との連絡が入った。

十一月二十日、すぐに警視庁捜査一課から「若林班」が王子署へと投入された。

若林班の捜査員は一課の刑事十名で構成されている。班を率いる若林忠純警部は亀有署時代の先輩で、大峯とは後のロス疑惑で同じ捜査本部に入りチームを組んだことは先に触れた。若林はテキパキと物事を進められる頭の回転の早い人物だ。

王子署強行犯捜査係は若林班の配下に入った。大峯は事件の概要を改めて若林に説明した。

再捜査に入った捜査員は、一度澤地から電話で話を聞いた。しかし、「被害者（太田）のことは一切知りません。池袋で会いましたが、そのまま別れました」と否認されて終わってしまった。強盗殺人の疑いは濃厚だが証拠は一切ない。澤地を自白させるしか手段はなかった。

「よし、澤地を引っ張るか」

若林が決断し指示を出した。


十一月二十三日早朝、千葉県津田沼にある澤地の探偵事務所に十名の捜査員が急行した。大峯も一員として参加した。

寝ぼけ眼の澤地を叩き起こし、任意同行で王子署まで連行した。大峯が初めて見た澤地は、生真面目風な人相とガッチリした体格を持つ男だった。当時の心境について、澤地は自著『殺意の時　元警察官・死刑囚の告白』（彩流社）でこう書いている。

〈ひょっとして逮捕されたのは自分だけかも知れない。そうであるなら、私が自供しない限り仏さんは出ないであろう。どんなきつい取調べであっても、目的意識がはっきりしていれば、自供しない自信はある〉（以下、引用は同書より）

彼は「黙秘」を続けるつもりだったのだ。

取調べに臨んだのは捜査一課の斎藤辰八郎警部補と大峯だった。斎藤警部補は大峯と一課時代の〝面《めん》グレ〟、つまり顔見知りだったので気心は知れている。

澤地は当時四十五歳。大峯よりも十歳ほど年長者だ。しかし、彼の経歴を見て大峯は（落とせる）と読んでいた。

澤地は警察官時代、そのほとんどを警備係の機動隊員として過ごしていた。刑事の経験はなかった。つまり取調べのノウハウや手口は知らないはずなのだ。

大峯は攻撃的に彼を問い詰めた。

――お前が太田を殺《や》ったんだろ。

「いや知りません」

――間違いないんだよ。

「池袋で太田とは別れました」

——じゃあ、なんで太田の車が池袋にあるんだ。家に帰ってねぇじゃないか。

「知りませんよ」

——正直に話せよ。

「いや知りませんよ。会ったけど別れたので」

澤地は淡々と否認を続けた。若造刑事の追及くらいは躱《かわ》せると高をくっていた風にも見えた。

時間が刻々と過ぎていった。大峯は更に彼を揺さぶる作戦に出ることにした。澤地は犯行前に、ある宗教に入信していた。そして事件前には信者を前に講演まで行っていたのだ。

彼は自著でこう書いている。

〈私は信心のすばらしさを入信以来数か月で知った。（中略）創価学会のことを中傷する人もいる。私も入会する迄、少なからずそんな気もあった。しかし、入会して、実際に自分の目で確かめ、肌で触れてみて、その組織の人間的な温か味をまず感じた〉

しかし、太田氏が行方不明になったのは澤地が入信してほんの数カ月後のことだ。宗教に入信しておいて人を殺《あや》めるなんて、そんな馬鹿な話はない。

大峯は強い口調で問いかけた。

「おい澤地、お前は宗教に入信しているらしいな。笑わせるんじゃないよ。仏様が泣いてるぞ。お前の信心はカムフラージュだ。そうだろ！」

澤地の顔色はみるみるうちに変わっていった。

やおら立ち上がると、大峯を指さしてこう咆吼《ほうこう》した。

「てめぇには一切しゃべらないからな！」

パイプ椅子が大きな音を立てて転がった――。

澤地は血走った目で大峯を睨《にら》み付けた。

彼の激情を見て、大峯は（落ちたも同然だ）と思った。

澤地が自著で記したように、否認して遺体も出てこない状況が続けば逮捕は出来ない。ところが澤地は激情に任せて、「しゃべらない」と口走ってしまった。

しゃべらないとは、「＝話すことがある」ということだ。つまり犯行を認めたに等しいのである。

（素人だな）と大峯は心のなかで呟いた。

斎藤警部補には軽く目配せをした。意図は刑事同士の暗黙の了解で伝わる。

「わかったよ。俺は席を外す」

大峯は大げさな演技をして、取調室を出た。

斎藤警部補は相手の目を見つめながら、ゆっくりと澤地に問いかけた。

「大峯はもういない。どういうことか俺に話してみろよ――」

澤地は大峯とのやり取りについて、自著でこう回想している。

〈直ぐにも自供して一日でも早く拘置所に移りたいと強く感じていた。（中略）とにかくそのひとことによって、全てを素直に自供しようと思っていた私の出鼻をくじかれてしまった〉

しかしこの言葉も方便だろう。

澤地は否認を続けていた。素直に自供しようという素振りはなかったのだ。澤地はプライドが高い男だ。大峯は、不自然な信仰心を突けば彼のプライドは揺さぶられるだろうと計算していた。こうした手法は取調べ術の定石でもある。ただ澤地は刑事経験がなくそれを知らなかった。だから落ちた。

取調室から出てきた斎藤警部補は、大峯の肩を叩きこう声をかけてきた。

「全部、うたったぞ（自供したぞ）」

澤地が自供した話は、次のようなものだった。

犯行は澤地と猪熊武夫、朴龍珠の三人で行った。澤地は太田氏に、「厚木に金持ちがいて宝石に興味を持っている」と商談を持ちかけ、池袋のサンシャインシティプリンスホテルで落ち合う。そして言葉巧みに山中湖にある猪熊の別荘まで連れていった。

猪熊が厚木の金持ち役を演じ、澤地と朴は仲介役だった。猪熊と太田氏が別荘で商談を行っている最中、澤地は立ち上がってこう叫んだ。

「もう芝居は終わりだ。まだわからないのか、馬鹿野郎！」

あまりの剣幕に、共犯者の猪熊も「もの凄い迫力に驚いた」と供述している。驚愕する太田氏を犯人グループが押さえつけた。

太田氏は唖然《あぜん》としながらも、「やっぱりそうだったのか」と呟いたという。力いっぱいの抵抗を続け、澤地に頭突きもお見舞いしている。

「助けてくれー！」

と何度も叫ぶ太田氏を、澤地は押さえつけて布で口を塞いだ。

「た、たすけて……」

叫び声はだんだん弱々しくなっていく。

「もうしょうがないから殺るよ」

澤地は周囲に同意を求めるように聞いた。太田氏のシャツの襟首を摑むと、澤地は警察仕込みの柔道技（送り襟締め）で締め上げた。

「ヒィー、ヒィー、ヒィー」

太田氏は苦しみながら絶命する。犯人グループは彼が所持していた宝石を奪うと、別荘の床下に穴を掘り遺体を埋めた。

自供を受け、二十四日に捜査本部が設置された。

刑事部長が特捜本部長になり、王子署署長が副本部長という体制のもと、現場責任者は古賀管理官（警視）で、捜査の指揮を執るのが若林係長という布陣だった。

捜査一課からは刑事が十一名とデスク四名が投入された。所轄からも大峯ら強行犯捜査係三人と他部署にいる刑事経験者が動員される形で十一名が捜査員として集められた。暴力団情報を提供してくれた築地署の刑事も招集された。捜査本部はおよそ三十四、五名の体制となった。

澤地は「強盗殺人」で緊急逮捕されていた。だが、この逮捕が後に小さな混乱を呼ぶことになる。

通常であれば現場で遺体を確認してから、まず「死体遺棄」で逮捕をする。そうすれば死体遺棄で二十日、その後に強盗殺人で再逮捕して二十日と、計四十日間の勾留期間が取れる。大きな事件であれば十分な捜査期間が必要だ。ところが、澤地の場合は、いきなり強盗殺人で逮捕してしまったため二十日間しか持ち時間はない。

自供から数日後、捜査員たちは山中湖に現場検証に向かった。自供があるので遺体が出るものと確信し、葬儀社も同行させていた。

ところが供述通りに床下をいくら掘り起こしても遺体が出てこない。ただ、土には腐敗臭が染みついており、髪の毛も混じっていた。かつて遺体が埋まっていたことだけは間違いなさそうだった。現場検証に同行していた澤地がポツリと呟いた。

「猪熊の奴、遺体を移したな」

共犯者の猪熊によって遺体が持ち去られていたのだ。二十四日の新聞に澤地逮捕の報が出た。それを見た猪熊は慌てて遺体を掘り返し、行方をくらましていた。

捜査員たちは焦り始めていた。先に触れたように、既に強盗殺人で澤地を逮捕していた。よって二十日以内に太田氏の遺体を探し出さないと立件が困難になってしまう。

幸いなことに十日ほどして、関係者宅に隠れていた猪熊が逮捕された。猪熊から「神奈川県の山林に遺体を捨てた」との供述を得て、警察は無事に遺体を確認することが出来た。

「おい、ギリギリの展開だったな」

大峯は部下の田中巡査長を小突いた。

「冷や汗が出ました。捜査って難しいですね」

田中巡査長も苦笑いで応えるしかなかった。


実は、現場検証で山中湖の別荘には三つの穴が掘ってあることがわかった。澤地と猪熊は太田氏の後、連続して強盗殺人を犯していたのだ。

もう一人の被害者は滝野光代さんという上尾市の金融業者だった。澤地には警察官の息子がいた。その息子名義で、澤地は滝野さんから金を借りていたのだ。しかし返済が滞り、滝野さんは息子が勤務する神田署まで取り立てに出向いていた。

澤地はこの滝野さんの行動に怒り、殺害を計画するに至る。二度目の犯行は澤地と猪熊の二人で共謀した。手口は前回と同じように架空の儲け話を持ちかけ、カネを用意させて殺害するというものだ。

まず澤地は千葉県の土地を担保に融資を受ける話を持ちかけ、滝野さんを誘い出した。もちろん土地の話はでっちあげで今で言えば地面師のような手口だ。車に乗せた滝野さんに澤地らはいきなり襲いかかり、ロープで首を絞めて殺害した。

大峯がこの事件でいちばん印象に残っているのが、その後のやり取りだったという。澤地らが車を走らせていると、「イヒィー、イヒィー」とかすかにうめき声が聞こえたという。慌ててトランクを開けると滝野さんがパッと目を開き、「橋本さん、何をするの？」と問いかけたというのだ。彼女は気を失っていただけでトランクのなかで蘇生していた。

「往生際の悪い婆さんだな」

澤地はこう毒づくと、もう一度首を絞め上げ絶命させた。

遺体は再び山中湖の別荘に運び込まれた。滝野さんが持参していた現金二千万円を奪った後、澤地らは遺体を別荘の床下に埋めた。犯行後の心理について、澤地は前掲の自著で、こう明かしている。

〈車の中で改めて現金二千万円を確認した。自分の顔がにわかに微笑んでいるのがわかった。数分前に別荘の中で感じた金縛り状態とはまるで違う自分を意識していた。その余りにも大きい落差はいったいどうしたことだろう。このことばかりは、未だに自分で自分を理解できないことの一つである。私の体の中に二つの人格があったがため、と結論付けていいのだろうか。理屈はともかくとして、分け前の一千万円を手にしたときは、何も考えずただ、わくわくした思いだけが今も鮮明に私の脳裏に焼きついている。まさに狂気の沙汰である〉

元警察官は完全に理性を失っていた。澤地はさらに犯行後には上尾市の滝野さんの自宅に侵入し、金目のモノを物色している。これは殺人をカムフラージュするために、物取りの犯行に見せかけた可能性が高かった、と大峯は見ている。

太田氏から五千万円相当の宝石を奪った澤地は、暴力団、右翼などの裏ルートを通して売りさばいた。しかし足許を見られ買い叩かれ、売価は七、八百万円ほどだったという。滝野さんから奪った現金を合わせても、澤地が手にした金は三千万円前後だった。

澤地はその金を借金返済に充てようとしていた。

彼は金融機関だけではなく、警察官時代の元同僚、元上司、元部下など手当たり次第に金を借りていた。その金も尽き借金に追われていた。

澤地は指を一本落としている。暴力団に不義理して詰めたのだという。警察官を辞め、新宿に開いた居酒屋で華麗なる転身を図ったが、もはや〝半グレ〟と言って過言ではない転落ぶりだった。

澤地は狂った歯車を止める術として強盗殺人を選んだ。しかも偶発的な犯行ではなく計画的な犯行だ。もはや元警察官という〝誇り〟はどこにもなかった。人間は切羽詰まってしまうと、ここまで倫理観を失ってしまうものか。

大峯は虚しい気持ちにかられた。

山中湖の別荘に掘られた三つの穴――。残された一つはまだ使われていなかった。

「共犯の猪熊を殺して口を塞ぐつもりでした。そうすれば犯行が露見することはないと思ってました」

澤地はこう供述した。自らの借金のために二人の人を殺め、さらに共犯者まで殺そうという計画は冷酷きわまりない。供述調書から澤地の言葉を辿ってみよう。犯行について彼はこう振り返っている。

〈私は宝石ブローカーの太田さんと、金貸しの滝野さんを殺害して金品を強奪した件で取調べを受けているわけですが、今こうして、この二人を殺害したときの私の精神状態を想い返してみても、私の気持の中に、二人を殺害することに対する躊躇《ちゅうちょ》は全くなく、「殺せば金が入る。これで大金を手にできる」という思いが先で、むしろ勇み立つような心境であったことを認めざるを得ません。

二人を殺した後も、人を殺したことに対する後悔といった感情はほとんど湧いて来ず、さらにどうしたら入手した宝石などを処分して、現金を手にすることができるかなどの考えが頭を占めている状態でありました。（略）

また、この二件の強盗殺人事件を犯すにいたった根本の原因は、借金苦に追われ続けた精神的な荒廃の中から生れたものであることは間違いありません。しかし、その借金苦に悩む生活に陥ったのはとりもなおさず、私の無計画性、あるいは金銭的にルーズな性格に起因しており、この点は私も自覚しているところであります〉

捜査が終わり澤地は起訴された。

王子署の講堂に捜査員が集められ、ささやかながら「起訴祝い」が開かれた。警視庁捜査一課長も駆けつけ、みなの労を労《ねぎら》ってくれた。

大峯はビールを片手に感慨にふけっていた。

（たった三人の刑事で始めた捜査で、ここまでこぎ着けることが出来た――）

「ご苦労さん」

王子署強行犯捜査係のメンバーである田中巡査長、楠本巡査部長とも静かに祝杯を重ねた。

澤地は一、二審で出た死刑判決に対する上告を取り下げ、九三年に死刑が確定した。神田署に勤務していた彼の息子は、依願退職を勧められ警察官を辞することになった。

事件後、元警察官を取調べることにやりにくさは感じなかったのか、とよく大峯は聞かれたという。

——まったくなかったというのが正直なところだ。

大峯はこう答えていた。

元警官といっても刑事にとっては容疑者でしかなく、犯行の経緯についても同情すべき所がなかった。澤地は供述調書の中で、犯罪に及んだ心理をこうも振り返っている。

〈私はこのころドストエフスキーの『罪と罰』を読んでいます。私がこの度犯した二件の強盗殺人事件の背景には、経済的破綻ということが根本原因であることは明確であります。しかし、実際に犯行に及ぶまでのプロセスのなかに、この『罪と罰』の主人公、ラスコーリニコフの犯罪哲学が、私に心理的影響をあたえたことを見逃すわけにはいきません。

この犯罪哲学を一口で申しますと『一つの微細な悪が百の善行に償われる』という、いわば犯罪容認論であると思います。すなわち彼は、「高利貸の老婆を殺害して、その死財を有効に転用しよう」という計画を立てるわけであります。私がこの本を読んで自分の心のなかに微かな犯罪心理が芽生えたのが、昭和五九年六月ころでありました〉

大峯にはいくら読んでも共感できない理屈だった。彼は常に何か言い訳を探していたようにしか見えなかった。

澤地が創価学会に入信したのは、『罪と罰』を読んだ翌七月で、犯罪心理が芽生えたという、直後のことだ。供述調書で語られた切羽詰まった犯行心理との辻褄《つじつま》も合わない。大峯が澤地に突きつけた「お前の信心はカムフラージュだ」という言葉は、やはり真実を突いていたのだろう。

澤地が守りたかったのは「己のプライドだけ」、ではなかったのか。

借金に悩むなら単純に自己破産をすれば良かったのだ。そうすればすぐに悩みから解放されたはずだ。しかし、元同僚から借りた金は踏み倒せないという小さなプライドが自己破産という選択肢を許さず、彼を凶行へと走らせた。

〝理想の警察官〟と呼ばれた男の、悲しすぎる転落劇だった。

第三章

猥褻

宮﨑勤 首都圏連続幼女誘拐殺人事件 1989

宮﨑が何気なく口にした地名。その一言に背筋が震えた。

移送される宮﨑勤容疑者。左が大峯氏
(撮影 大木茂・朝日新聞社提供)

午前十時、都内の気温はすでに上がりはじめていた。大峯は八王子署の二階にある刑事課の取調室である容疑者と対峙《たいじ》していた。

平成元年――一九八九年八月九日のことだ。元号が変わる年は大事件が起こりやすいといわれている。

大峯の目の前にいる男は宮﨑勤という名前だった。

寡黙な普通の青年、というのが大峯の第一印象だった。

白い長袖のシャツをズボンに入れずに出している。既に散々調べを受けて疲れていたのだろう。長い髪はボサボサで、顔は青白かった。時折、人の匂いを嗅ぐかのように、疑り深い目を大峯に向けてきた。

四畳一間の取調室には重苦しい空気が流れていた。

テレビドラマで描かれているそれとは違い、現実の取調室には窓もスタンドライトもない。あるのは小さな机二つと椅子だけだ。

大峯は机を壁際に押しやり、背中が壁につくくらいの位置に宮﨑を座らせた。容疑者に圧迫感を感じさせるための大峯流の〝取調べ戦術〟である。

このときはまだ、大峯は目の前の寡黙な青年があの大事件にかかわっているとは想像もしていなかった。

事件解決は、まさに「瓢簞《ひょうたん》から駒」だった。


昭和の最後から平成にかけて発生した「東京・埼玉連続幼女誘拐殺人事件」は、四歳から七歳までの幼い少女四人が犠牲となった凄惨な事件として、多くの人々に記憶されている。

一九八八年八月に入間《いるま》市で岡本優子ちゃん（当時四歳・仮名）、十月に飯能《はんのう》市で石井里美ちゃん（当時七歳・仮名）、十二月に川越市で村瀬由美子ちゃん（当時四歳・仮名）、翌年六月に東京都江東区で中田奈々ちゃん（当時五歳・仮名）を相次いで誘拐・殺害。幼女の遺体を切断、焼いた遺骨を遺族に送りつけ、「今田勇子」の名で犯行声明文を出すという「劇場型犯罪」は、日本中を震撼《しんかん》させていた。

実は、もともと大峯は宮﨑の調べ担当ではなかった。岡本優子ちゃん、石井里美ちゃん、村瀬由美子ちゃんの捜査は、いずれも埼玉県警の所管。警視庁が捜査本部を設置したのは、中田奈々ちゃんの誘拐殺害事件だ。大峯も捜査一課殺人犯捜査五係・小野田（賢二・係長）班に所属し、深川署の中田奈々ちゃん事件の指揮本部にいた。本部ではデスク主任として、捜査員の配置などを考える内勤業務が主だ。当時四十一歳。刑事としても脂が乗り、現場に出たくてウズウズしていた。

七月二十四日、八王子署から一枚のファックスが入った。少女に対する強制わいせつで男が逮捕されたという内容だ。それが宮﨑勤（犯行当時二十六歳）だった。八王子市内で、少女を言葉巧みに裸にして写真を撮影しているところを、警察に突き出されたのだ。

大峯はこの事件に不思議と興味を持ち、調べ官に立候補した。大峯は「なぜかと問われてもわからない。刑事の勘が働いたとしかいいようがない」と振り返る。

その時点ではまだ、宮﨑が連続幼女誘拐殺人事件の犯人だという見方をする者は警視庁内にはいなかった。

それは、死体遺棄現場近くでの目撃情報から、ホシの車はツートンカラーのカローラⅡとされていたからだ。宮﨑の愛車は紺色の日産ラングレーで、全然違う。

ただ、車内からは血痕を示すルミノール反応が出ていて、シートの下に軍手とビニール紐《ひも》が隠されていた。大峯はそこに引っかかりを覚えた。

八王子署で宮﨑と向かい合った大峯は、こう会話を始めている。

――捜査一課の大峯だ。こいつは酒井。捜査一課って何をするところか知っている？

強面の大峯を見て宮﨑は黙りこくっている。大峯の取調べをサポートするのは酒井美次巡査部長だ。

――じゃあ教えるよ。殺人、誘拐、強盗、放火をやる専門の係だ。何のためにここに来たかわかるよね。女の子に悪さしたから捕まっていると思っているだろうけど、もっと悪いことしたからここに来ているんだよ。女の子の裸を撮っていただけじゃ、俺たちは来ないんだ。人の話を聞いているか？

「………」

――お前はこうして警察に来ているけど、まだ話していないことがたくさんあるよな？

「どういうことですか？　全部話しています」

黙りこくっていた宮﨑が最初に発した一声が、「全部話しています」だった。

大峯は話題を切り替え、雑談を始める。宮﨑は「女性と交際したことがない」、「セックスをしたことがない」と明かし、さらに「僕はセックスという言葉、嫌いです」とも言った。大峯は「こいつ、女にウブなんだな」と思ったという。

流れが変わったのは、夕方近くだった。

――他に趣味は？

「カメラです」

――カメラか。お前、八王子でも裸の女の子の写真を撮ったもんな。どこで撮影するの？

「都内です」

――都内の、たとえばどこ？

「有明とか……」

――有明？　有明で何を撮影したの？

「テニスをしている人」

――テニスのパンチラを撮るのか？

「友達と撮りに行きます。パンチラ撮りやすいんです」

――五日市《いつかいち》（町＝自宅）からわざわざ有明までか。遠いな。そろそろ夕飯だな。よし、いったん飯を食って休憩にしよう。

大峯は「有明」という宮﨑の言葉を聞いてハッとしたという。

宮﨑が〝パンチラ〟を撮りに行っていたのは、東京・江東区の有明テニスの森公園のことだ。有明は中田奈々ちゃんが誘拐された「東雲《しののめ》」の現場から近い。

（こいつ、土地勘があるじゃねぇか。これはえらいことになるぞ――）

大峯は心の中で呟いた。背筋がゾクッと震えた。

大刑事はジンクスを重んじる。犯罪捜査は運に左右されることがままあるからだろう。大峯にも唯一大切にしているジンクスがあった。それは捜査期間中には蕎麦やうどんなどの

「長い物」を食べないということである。麺類は手早く食べられるメリットがあるが、その〝長さ〟から捜査を長引かせることにつながる、ゲンが悪いと嫌う刑事は多かった。捜査期間中に食事をするとき、大峯も必ず弁当や定食などを選んでいた。

「あいつ有明と言ってたな」

弁当を頬張りながら大峯は酒井巡査部長に語りかけた。

「言ってましたね」

酒井はまだピンときていないようだ。

取調べで「黙秘権を使う」とまで言って抵抗していた宮﨑は、雑談のなかで無防備に「有明」という地名を口にした。有明と東雲――、大峯のなかで点と点が繋がった瞬間だった。

大峯は宮﨑を落とすことに本腰を入れた。「パンチラ撮って何が楽しいんだ」などと雑談を続けながら、こう切り出した。

「おい宮﨑、お前が今までにした悪いことを教えてくれよ?」

普通はこんな質問をすることはない。狙いは、宮﨑に犯行を意識させることだった。自分の小さな罪を挙げさせていくと、だんだんネタが尽きていく。そうすると犯人はますます本当の犯行を意識し、言動が乱れる。そこを突くのだ。

大峯の質問に対し、宮﨑からは「立ちションベンをした」、「車のガス欠で渋滞を起こし、迷惑をかけた」という話が出てきた。犯罪にならない行為ばかりだ。

「お前な、何か勘違いしてないか。俺が聞いているのは、お前のやった犯罪行為についてだ」

ルミノール反応、軍手、ビニール紐、そして有明。この四つの材料から、大峯は宮﨑が連続幼女誘拐殺人事件のホシだと、このときすでに確信していた。

キーワードは揃っているものの犯行を示す決定的証拠はない。

そこで大峯は「俺は全て知っているぞ」という雰囲気を醸し出し、宮﨑を追い詰めていこうと考えた。

――車のトランクの血は何だ。

「遊び半分で友達をトランクに入れたりして、傷ついた」

――手袋の血はどう説明する？

「私の家に前にいた職人が刃物で指を切ったことがあり、それだと思います。車だって友人に何度も貸したりしているので、それでついたのかもしれません」

――ビニール紐は何に使うんだ。

「……友達にビデオを送るときに使った」

――友達はトランクに入ったことがあるそうだけど、ケガをしてないと言ってるぞ！

ケガもしてないのに血が出るのはおかしいじゃないか。友達の血じゃないんだよ。

「私の家にいた職人が刃物で指を切ったことがありましたから、その血がついたかもしれません」

——トランクの血は友達の血か？

「わかりません」

——辻褄が合わないんだよ。友達はお前からビデオを送られたことはないと言ってるぞ！

「………」

——なぜ嘘をついた。

「（ビデオを）送りました」

——嘘をなぜついた？

「……トイレに行かせてください」

——ダメだ。なぜ嘘をついた？

「私は黙秘する権利を行使します。とにかく黙秘します！」

——お前がいくら黙秘してもいいよ。でも証拠はあるんだ。刑事訴訟法では証拠の方が事実認定として重要視されるんだ。分かるか？

「刑事さん。刑務所は色々な、つらい仕事をさせられるんですか？」

——場所にもよるよ。刑務所のことをずいぶん聞くな？　どうしてだ？

宮崎は首を二、三回振ると黙り込んでしまった。しばらくすると大峯の目を見て、こう尋ねた。

「私を見て、どう思いますか？　どんな人間に見えますか？」

じつは大峯は取調べの前日に宮崎の両親と会っていた。これは彼の定番の捜査手法でもあった。犯罪は家庭環境が大きく影響する。その背景を知ることが一つ、そして取調べで相手にぶつけるネタを見つけることがもう一つの理由である。

——お前のことは、お父さんお母さんから聞いてよく分かっているよ。仕事熱心じゃなく、怠け者でビデオばかりに熱中しているそうだな。でも心優しい男で、普通の若者と変わらない素直な男なんだろ。そう見えるよ。

「そうですか。親父や母ちゃんは何て言ってましたか？」

——とても心配していたぞ。

宮崎は大きく深呼吸した。目が泳ぎ出し動揺している様子だ。家族の話をされると、どんな人間でも感情的になる。大峯は「あと一息だ」と思ったという。

——有明テニスの森に行っているよな。その場所を知っているな。俺はあの近くで起きた事件について聞きたいんだ。もう分かってるんだ。

「………」

――お前は社会的に非難されるような犯罪を犯した。違うか？

追い打ちをかけると、宮﨑はまた黙りこくってしまった。おどおどし始め、生唾を飲み込み、小鼻がピクッと動いた。

こいつは落ちるな――。

大峯は追及を止めて、じっと宮﨑を見つめた。

「私の話を黙って聞いてください」

長い沈黙のあと、宮﨑はそう切り出し、自らの犯行を語り始めたのだった。

すでに午後十時を回り、外は真っ暗になっていた。


宮﨑の自供内容は、要約すると次の通りだった。

「自分は手のひらを上に向けられないという『先天性橈尺骨癒合症《とうしゃくこつゆごうしょう》』という障害を持ち、周囲から馬鹿にされてきた。だから女友達もできず、交際相手もいない。大人の女性に相手にされないので、小さな女の子がいる団地や公園に行くようになった。

その日も有明まで撮影に行ったが人がいなかった。近くの東雲に向かい、公園で女の子を探した。奈々ちゃんに『写真を撮ってあげる』と声をかけ、車に乗せた。しばらく走り、車の中で首を絞めて殺した。手、足、首を切断し、別々に捨てた」

調べの極意は、魚釣りと似ている。「間合い」、「タイミング」、「言葉の使い方」の三つが重要だ。相手との間合いを詰めながら、タイミングを見て、「お前は犯罪を犯した」等と核心を突く。口で言うのは簡単だが、繊細なバランス感覚を必要とし、長年の経験がものを言う。

もう一つ、調べの鉄則がある。「水をください」、「一服させてください」、「便所に行かせてください」という要求は一切拒否することだ。ホシは調べの緊張感からなんとか逃げ出そうとする。宮﨑もそうだった。調べの途中でトイレに行かせたりすれば、気持ちが落ちつき、全てを飲み込んでしまう。

また、刑事は相手の表情をじーっと観察しなければならない。顔が青くなるか、脂汗が出るか、言葉にどう反応するかを細かく見る。

宮﨑は何もないときは、大峯の顔を見るし、態度も堂々としていた。だが、痛いところを突くと、下を向いて目線を合わせなくなる。更に追い込むと、極めて小さな反応だが、小鼻がピクッと動く。その些細《ささい》な様子から、仕留めるタイミングを見極めたのだ。

結果、宮﨑は落ちた。

大峯は宮﨑に奈々ちゃんの事件についての自供内容を上申書に書かせた。

上申書とは犯人が警察署長に罪を申告するものである。宮﨑は別件で逮捕をしていたので、幼女誘拐殺人事件について取調べするためには上申書に基づいて改めて逮捕状を取る必要があった。

〈上申書

住所　東京都西多摩郡五日市町×××

氏名　宮﨑勤　（26歳）

一．私は、本年六月の頭頃の夕方頃　東京都江東区の団地で遊んでいた奈々（原文は実名）ちゃんを、私の車（日産のラングレー　八王子55　二九三）にのせ、後部座席の所で両手で奈々ちゃんの首をしめて殺しました。

二．遺体は、私の部屋で、ナイフのようなものと、両刃ののこぎりを使い、両手・両足・それと、頭を首から切って　只今図面に書いた所に別々にすてました。胴体は宮沢湖霊園にすてました〉

たどたどしい字で書かれた上申書の筆跡は、今田勇子のそれとそっくりだった。

翌日の八月十日、宮﨑の自供に基づき、奈々ちゃんの頭蓋骨が発見される。十一日、警視庁深川署の捜査本部は、奈々ちゃん誘拐・殺害、死体遺棄の疑いで宮﨑を再逮捕し、捜査本部のある深川署へと移送した。深川署前は、報道陣と野次馬でごったがえしていた。

同時に五日市の宮﨑の自宅にも記者が殺到した。地元で新聞社を経営していた父親は質問攻めに遭うと「息子は優しく物静かな性格で、事件に関係しているはずがない」と犯行を否定した。そして記者の要望に応じる形で、宮﨑の自室をメディアに公開した。

膨大な数のビデオテープに、コミックや雑誌で埋め尽くされた宮﨑の自室は、「異常な空間」として世間に大きな衝撃を与えた。

メディアは大騒ぎしているものの、まだ捜査は始まったばかり。宮﨑の〝完落ち〟が大峯には重要だった。宮﨑は犯行の一部だけは認めたものの、全てを話していなかった。自供後も都合の悪いことは話さなかったり、ウソをつくことを繰り返していた。

大峯は、深川署で一連の犯行を一気に吐かせてやろうと考えていた。そうしないと宮﨑の犯行動機ははっきりとしないままだ。またこれまでの経験から、こうした性犯罪は連続して起こすものだという読みもあった。

取調室のなかで大峯はこう説いた。

――良心の呵責《かしやく》という言葉を知っているか？

「わかりますが……」

――悪いことをしちゃったな、という気持ちだよ。そういう気持ちがひとかけらでもあれば、（犯罪を）やるときも、やったあとも、自分のやったことは全て覚えているんだよ。人間というのはそういうふうに記憶しているんだよ。

毎日生活していて飯を食う、クソをする。昨日食った飯、覚えているか？　一昨日食った飯覚えているか？　覚えてないだろう。

「ええ」

――じゃあ、お前、毎日やっているから忘れちゃったのか？　殺しを？　違うだろ。

「はい」

――そういうものなんだよ。だから、お前がやったことが記憶に残っていなければ、お前には、悪いことをしたなって気持ちがないってことだよ。

「最初っから言っているように、やったことは覚えてますけど、細かいことは覚えていない」

――細かいことも覚えているんだよ！

「覚えてません！　そんなの覚えてません！」

――奈々ちゃんを連れて歩いたときの状況、思い出したな？　それから奈々ちゃんを連れていってどういうふうに殺したのか。切断するとき、どうやったのか。全部覚えている。悪いなって思うから。そうだろ宮崎。そういうものなんだよ、人間の記憶というものは。

「はい……」

奈々ちゃんの殺害を認めてから、宮崎は岡本優子ちゃん、村瀬由美子ちゃんの犯行についても自供した。

一九八八年八月二十二日、優子ちゃんは友達の家に遊びに行くと家を出た。その日、入間市の団地にいた宮﨑はひとりでいた優子ちゃんに声をかける。周囲に怪しまれないように車に連れ込むと、八王子市の東京電力新多摩変電所先の空き地に車を置き、山林に二人で入る。優子ちゃんがシクシク泣きだしたので、宮﨑は「大きく泣かれると困るのでその場で殺そうと決意」し絞殺。宮﨑は遺体を裸にし、わいせつ行為に及んでいる。翌日、ビデオカメラをレンタルし再び同所を訪れた宮﨑は、遺体を撮影している。

同年十二月九日、宮﨑は川越の団地を訪れた。小学校脇を一人で歩いている由美子ちゃんを見つけると「あったかいところに寄っていかない？」と車に連れ込み誘拐。埼玉県名《な》栗《ぐり》村（現・飯能市）まで連れていくと、車内で衣服を脱がせた。カメラで由美子ちゃんの全裸写真を撮影している。由美子ちゃんも泣きだしたので、宮﨑は馬乗りになり再び絞殺した。

三人の殺害を自供した宮﨑だったが、細かい状況についてはウソをついたり、トボけたりはぐらかすということが続いていた。

奈々ちゃん、優子ちゃん、由美子ちゃんの三人が誘拐された現場はいずれも団地だった。宮﨑は団地を訪れたのは偶然であり計画的なものではないという自己弁護的な主張を繰り返していた。トイレを探していたらたまたま団地に辿り着いた、と宮﨑は言う。だが大峯は、犯行は計画的なものだと確信していた。取調室内ではウソを突き崩す攻防が続いていた。

――偶然の一致かわからないけど、全て団地なんだよ。誘拐しているのは全部団地なんだよ。どうしてなんだ？

「団地のそばには公衆トイレがあるから、ゆっくり休んでから……」

――公衆トイレだとか能書きたれてるけど、全て団地なんだよ！

「はい」

――お前な正直に話せよ！　なんで団地なんだ！

「……。一戸建てとかそういう場所は、（隣近所で）住んでいる人が知っていると思うんですよ。でも、団地ってのは縦だから、知らない人も（多い）……。団地だったら小さな女の子がいるだろうなっていうのもあるんですけど」

――そうだろ！

その場しのぎのウソをつき罪を軽くしようとする宮﨑。大峯は話の矛盾を突きながら、事実を炙《あぶ》り出す作業を続けた。

宮﨑は都内でも有名な進学校・明大付属中野高校に通っていたくらいだから頭はいい。奈々ちゃんの頭蓋骨を遺棄した場所など、奥多摩の山林の中なのに正確に記憶していた。

一方で、社会的に無知な面があった。殺人を犯したら死刑になるという自覚がなく、罪の意識も低かった。言い逃れをしようとするものの、詰めるとあっさり認めて、スラスラ話す。大峯は、宮﨑は「ある意味で〝純粋〟だった」と語る。

「実況見分で、宮﨑がトイレに行きたいと言うから近くの駐在所に寄ったことがある。宮﨑と並んで、私も用を足した。ヒョイと下半身を覗《のぞ》いたら、宮﨑はえらく怒って、『見ないでくださいよ！』と声を荒らげた。こいつ、銭湯にも行ったことないんじゃないか、と思ったね」

人間関係の構築が下手で、仕事も続かない。カメラやビデオだけに没頭する。趣味の仲間はいても、深い話が出来る友達はいない——。宮﨑は極めて孤独な男だった。

宮﨑は三件の殺人を認めたものの、石井里美ちゃん殺害だけは頑として否認を続けた。この否認の裏側にも宮﨑なりの姑息《こそく》な計算があった。

里美ちゃんは一九八八年十月三日、埼玉県飯能市の市立原市場《はらいちば》小学校前で誘拐されている。捜査本部は小学校前の道路に宮﨑の車のタイヤ痕があることを摑んでいた。大峯はその事実を武器に宮﨑を問い詰めた。

——十月に飯能で車停めたことがあるだろう。お前の車だ。

「はい、ありません」

——車の目撃があるんだよ。お前の車とタイヤ痕が一緒だ。

「どこですか？」

——タイヤ痕が一緒だと言っているんだよ。だからお前に自信を持って言っているんだ。

平然と能書きたれていてもしょうがないぞ！

「ジュース、買ったと思います」

――どこで買ったんだ。

「道路の前、小学校か役場の前だったと思います」

――そうだよ。十月じゃねぇか、ばかやろう！

「何月かは覚えていません」

――何でお前が、石井里美ちゃんがいなくなったときに、そこ行かないといけないんだ？

「通っただけですよ」

――通っただけじゃなく、停まっているだろ。停まってなきゃタイヤ痕はつかないんだよ。

「ジュース買っただけです」

――ジュース買っただけで、なんで石井里美ちゃんがいなくなるんだ。その日、お前一日休みだったろう？　この手帳に捜査情報が全て書いてあるんだ。

「(手帳を）見せてください」

――俺はウソはつかないよ。話せよ！　分かっていることなんだからちゃんと話せよ！

大峯は手帳を差し出した。宮﨑は激しく動揺した様子を見せ、観念した表情で犯行を告白し始めた。

「なんで黙っていたかというと訳があります。優子ちゃんと里美ちゃんは同じ場所で殺しました。（後日に）行ってみると里美ちゃんの死体がなかったんです」

――だから黙っておけばわからないと思ったのか？

「ほんとうになくなっていたんですよ」

――じゃあ（警察が）見つけてやる。お前は、自分のやったことを上申書に書いていけ！

実は大峯が差し出した手帳には何も書いていなかった。宮﨑は遺体が見つからないことをいいことに、罪から逃れようとしていた。大峯はタイヤ痕という事実一つと、ブラフをかけることによって宮﨑を突き崩したのだ。

ジュースを飲んでいるときに里美ちゃんを見つけた宮﨑は、「道がわからなくなったので、車に乗って教えてくれるかい」と声をかける。助手席に里美ちゃんを乗せ向かった先は、優子ちゃんと同じ新多摩変電所の先の空き地だった。山林に二人で入り、「いつ帰るの」と言い出した里美ちゃんを宮﨑はいきなり絞殺する。殺害直後に、全裸にしていたずら行為もしたが、突然遺体が動いたため怖くなって逃げだした。その後、宮﨑は遺体を探しに現場に戻るが、遺体は動物が運んだのかすでに同じ場所にはなかった。

警察は自供にもとづき翌日、現場を捜索し、白骨化した里美ちゃんの遺体を発見している。

殺人犯がなぜ人を殺すのか。大峯は「一言でいえば、手前の都合だ」と語る。

宮﨑の動機は極めて明確で、「わいせつ目的」だった。調べでは「二世の観念」という言葉を使って「(被害者を)自分の子供にしたかった」と供述していたが、子供を殺害している以上、筋が通らない。

宮﨑が「世界一の宝物」と言っていたビデオテープには、誘拐した幼女の裸や性器にいたずらしている様子が映っていた。宮﨑は犯行時に自慰行為もしている。大峯がビデオを引き合いに出し、「わいせつ目的しかねぇじゃねえか」と詰めていくと、宮﨑は「恥ずかしいです」と言って黙り込んだ。

宮﨑はロリコンではない。大人の女性に興味があったし、大人の女性を対象に盗撮を何回も行っている。成人女性に対して出来ないことを幼女に求めた。それは幼女が騙しやすかったから、ということに過ぎなかった。

「暖かくなりだすと、ミニスカートとか。やっぱりミニスカートとか(見ると)、頭の中がワクワクし出すとまたぶり返すというか……」

宮﨑は連続して犯行を行った理由についてこう供述している。まさに劣情に支配されていた様子がその言葉からも窺《うかが》える。

宮﨑の逮捕後、メディアがこぞって取り上げたのは彼の「心の闇」だった。遺体をバラバラにする、遺族に遺骨を送りつけるという猟奇性は、「わいせつ」という一言では説明できないと論じた。

さらに注目されたのは、公判中の宮﨑の発言だった。「犯行は祖父を再生させるための儀式だった」「ネズミ人間に襲われるのが怖くて（やった）」と、不可思議な発言を繰り返し始めたのだ。

はたして、宮﨑は〝異常者〟だったのだろうか。

九月八日、埼玉県警に宮﨑の身柄を引き渡すまで大峯の調べは約一カ月に及んだ。取調べでも宮﨑は詭弁《きべん》を用いて逃げようとするところがあった。あるとき、「おじいさんの骨を食べた」と言い出したので祖父の墓を調べたものの、骨壺が開けられた形跡はなかった。ネズミ人間の話は、調べでは一切出てきていない。

「宮﨑はある時期から、これは死刑になるかもしれない——と、事の重大性に気がついたのではないか。裁判での発言も、気が触れた振りをすれば許してもらえるのでは、という知恵を持ち始めたのだろう。犯罪の内容は異常だが、あいつの精神はいたって正常だった」

これが大峯の分析だ。なぜ奈々ちゃんの遺体を切断したのかと聞くと、宮﨑はこう供述した。

「（手首を切ったのは）発見を遅らせるっていうか、身元をわからなくさせるために切った。センセーショナルにすれば同一犯だと思われないかなと思ったんです」

自宅に持ち帰った奈々ちゃんの頭蓋骨から髪の毛を落とし、水で洗ったのも同じ理由だ。ばれたくない、証拠を残したくない、という思いがあった。今田勇子の声明文も、捜査を攪乱《かくらん》する目的で出している。その意味では、宮崎は常に正常な判断のもとに行動していた。

宮崎に「心の闇」などなく、事件の動機はあくまでわいせつ目的だった。幼女を誘拐し、自由にわいせつ行為を行うために殺す。犯行が明らかになるのを怖れて、死体をバラバラにする。その行動は一貫していて、全て説明がつく。

第二の宮崎はどこにでも存在している。現在も、幼女を陵辱する事件は後を絶たない。しかしなぜ、犯罪者・宮崎勤が生まれたのか。手の障害へのコンプレックスや、男子校で女性への免疫がなかったこともあるだろう。ただ、その人間形成に最も大きく影響したのは「家族」ではなかったか。

宮崎は父親が不倫をし、母親が虐げられていた家庭で育った。前述の通り、宮崎を調べる前日の八月八日、大峯は宮崎という人間を知るために彼の実家を訪ねた。宮崎家は曾祖父が村会議員、祖父は町会議員を務める地元の名士だ。父親は地元紙『秋川新聞』を経営する実業家。宮崎は、何不自由のない家に育った。

リビングで大峯と向かい合った父親は、「うちの息子はそういう（誘拐・殺人）行為をする子供じゃないです」と宮﨑を庇《かば》っていた。二千本ものビデオが集積された宮﨑の「ビデオ部屋」から異様さを感じたことは覚えている。それを除けば、宮﨑家はどこにでもある普通の家庭に見えた。

だが調べでの宮﨑は、両親の話を嫌がった。両親のことに話題が及ぶと、宮﨑はぶっきらぼうになり、「家族とは話をしない。親父は嫌い」と話した。親子関係の問題は間違いなくあったのだ。その歪みが彼を倫理観のない人間に育ててしまったのではないか、大峯はそう考えている。

大峯が宮﨑と最後に会ったのは、東京地方裁判所の法廷だった。一九九六年一月のことだ。宮﨑が、「刑事に暴力を振るわれたので嘘の自白をした」と言い出したことで、公判に証人喚問されたのだ。もちろん、暴力や自白誘導などの事実は認められなかった。

法廷の被告人席に、宮﨑が座っていた。長い髪と青白い顔は、調べの時とまったく同じだった。大峯は宮﨑を何回も見た。通常は調べ官と再会したら、被告でも頭くらい下げるものだという。だが宮﨑は、被告人席でずっと下を向いて絵を描き続け、最後まで顔をあげようとしなかった。都合の悪いときや嘘をつくときは、大峯と目が合わせられない。宮﨑は調べのときから変わっていなかった。

事件から三十年。父親は事件後、自宅を売った金を被害者の賠償金に充てて、一九九四年に多摩川へ投身自殺。宮﨑は二〇〇八年に死刑が執行された。

五日市町（現・あきる野市）内の宮﨑の実家跡地は、現在は駐車場となっている。砂利敷きの駐車場の傍らに、駐車料金を入れるための古びたアルミ缶が所在なさげに置いてあった。秋川沿いの静かな住宅街のなかにポッカリと空いた跡地は、事件の存在を逆に際立たせていた。

宮﨑は最後まで、自分の罪と向き合うことはなかった――、大峯はそう解釈している。六月六日は中田奈々ちゃんの命日だ。毎年この日になると、大峯は線香をあげて手を合わせる。大峯が手がけた他の事件被害者にここまですることはない。宮﨑事件のうち、奈々ちゃんだけが警視庁管轄だったので思い入れがあることは確かだ。しかし何より、同じ子を持つ親として居《い》た堪《たま》れない気持ちになってしまう。

彼女が生きていれば、どんな人生があったのだろうか――。大峯は今でもそんなことを考えてしまうという。

第四章

強奪

練馬社長宅三億円
現金強奪事件 1990

「証拠を残さないためには皆殺ししかない」。犯人の冷血。

殺人放火事件があったマブチモーター社長宅

午前六時半、東京・葛飾区の自宅を出ると、すでに夏の日差しが眩《まぶ》しかった。

毎日の通勤に使っているのは、警視庁が用意した覆面パトカーだ。大峯は後部座席に身を沈めると、いつもの習慣で読売新聞に目を通した。二〇〇二（平成十四）年八月七日付の朝刊。もちろん、最初に読むのは社会面だ。ある見出しに目が留まった。

〈マブチモーター社長宅放火事件　殺害直後に放火か〉

大峯は食い入るように活字を追った。八月五日の夕方、千葉県松戸市の電気機器大手「マブチモーター」社長宅で火災が発生、焼け跡から二人の遺体が発見されていた。千葉県警は司法解剖と現場検証の結果、この事件を「放火殺人」と断定したようだ。記事によると犯人は家人を絞殺直後に、油を撒いて火を放った可能性が高いという。残忍極まりない手口だ。マブチモーター社長（当時）の妻と長女が犠牲となった「マブチモーター社長宅放火殺人事件」は、同社が小型モーターの分野で全世界シェアの五割を誇る有名企業であったため、マスコミによってセンセーショナルに取り上げられ、社会の注目を集めた。

「居合わせた被害者を皆殺しにし、そのうえ放火までしたのは、証拠隠滅のためか。〝練馬の事件〟を思い出すな……」

大峯の頭をよぎったのは、ある痩せた男の顔だった。

「まさか、な……」

刑事の直感とも言えるそれは、他の記事に目を通すうちにふっと消えてしまった。

事件は強盗と怨恨、両方の線で捜査が進められたが、未解決のまま時が過ぎた。

同年九月二十四日、今度は都内で強盗殺人事件が発生する。当時、大峯は警視庁第二機動捜査隊の副隊長だったため、現場に急行することとなった。機動捜査隊とは、重要事件が発生したときに初動捜査を行う部隊だ。

午後十時過ぎ、目黒区の高級住宅街の一角に到着した。現場を一目見た大峯は、その犯行手口の荒っぽさに驚いた。玄関のドアは開けっ放し。被害者は靴を履いたまま渡り廊下で倒れており、床は血の海だった。犯人は被害者を待ち伏せし、帰宅するや否やナイフで襲いかかったようだ。被害者は歯科医師だった。

第二機動捜査隊は近隣への聞き込みなど数時間に及ぶ捜査を行ったものの、犯人に繋がるような目撃情報や遺留品はなく、そのまま事件を捜査一課に引き渡した。

三年後、ある男が捜査線上に浮上し、これらの事件は一気に解決に向かうこととなる。二〇〇五年十月、別件の微罪で逮捕されていた二人の男が、マブチの件に絡んで強盗殺人容疑で再逮捕されたのだ。

その主犯格とされたのが小田島鐵男（逮捕当時六十二歳）。かつて大峯が、自ら逮捕、調べを担当した男だった。大峯が急行した目黒区の「歯科医師強盗殺人事件」、さらには千葉県我孫子《あびこ》市の「金券ショップ社長宅強盗殺人事件」（〇二年十一月）への関与も判明。小田島はわずか一年のうちに、金目的で四人の尊い命を奪う凶行を繰り返していた。

あの日、新聞を読んだときの大峯の直感は当たっていた……。

小田島との出会いは、一九九〇（平成二）年にまで遡る――。大峯は、警視庁捜査一課で殺人捜査二係係長を務めていた。

同年六月二日、ある強盗事件が発生する。練馬区に住む工務店社長が、常務である実兄や家族と共に自宅に監禁され、三億円が奪われた事件である。六月五日付夕刊の読売新聞は次のように事件の概要を報じている（一部抜粋、個人情報は匿名とした）。

〈練馬の3億円強奪　恨み持つ者の犯行か　「お前の会社つぶす」

東京・練馬区早宮のU工務店社長、Aさん（五九）一家が自宅に監禁され、現金三億円が強奪された事件で、練馬署特捜本部は五日、犯人の二人組が実兄の同社常務、Bさん

（六七）を埼玉県新座市内の同社営業所から拉致（らち）する際、「お前の会社をつぶす」などと脅していたことを突き止めた。さらに、拉致前に、Bさんにかけた電話では、「練馬区長の秘書」を名乗っていたことも新たに判明、同本部では、同社が練馬区発注の公共工事を受注していることなど社内事情を熟知し、同社に恨みを持つ者の犯行との見方を強め、取引関係者からの事情聴取を急いでいる。

これまでの調べによると、犯人が新座市内の営業所に電話をかけて、Bさんを呼び出したのは週末の二日午前十一時ごろ。「仕事のことで会いたい」と訪問を予告、その際、「練馬区長の秘書」を名乗り、区長を同行するような口ぶりだった。午後六時半ごろ、再び電話をしてきた時も「区長は少し遅れる」と説明していた。

その後、二人は「区役所の者だ」と名乗って営業所を訪れ、Bさんが中に入れると、いきなり「会社をつぶしてやる」「会社のことは三か月前から調べ上げている」などと脅し、Bさんを目隠ししてしばり上げ、犯人の一人が車を運転し、Aさん方に行った。

同社は、練馬区発注の公共工事を受注しており、本部では、犯人は、こうした取引関係を知っていて、区長の名前を出すことで、Bさんが営業所に一人で残らざるを得ないようにしたものとみている。また、「会社をつぶす」などと脅していることから、同社に恨みを持つ者の犯行との見方を強めている。

U工務店本社の総務課長は五日朝、同社で記者会見に応じた。「私自身、夜まで事件を全く知らなかった」という同課長は、社長宅に現金を運んだ経理部長の話として「四日午前八時半ちょっと前に、社長から部長あてに『急にお金がいるようになったので、三億円自宅に持って来て欲しい』との電話があった。部長自身が、社長付きの運転手と二人で会社の車で銀行などを回り、昼過ぎごろ、三億円をそろえた。その足で社長の家に現金を運んだが、応対に出た社長の様子が、全く平常だったので、異変には気付かなかった」と説明した〉

この「練馬三億円強奪事件」を受けて、練馬署に警視庁の特別捜査本部が設置された。犯人は拳銃と刃物を所持した二人組の男で、建設会社「U工務店」の社長宅に押し入り社長ら家族七人を三十八時間にわたって監禁。A社長を脅して会社の総務に三億円を運ばせ、それらを奪って逃走した。

個人宅を狙った強盗事件としては史上最大の被害額で、大きく世間を騒がせていた。

この事件の容疑者として浮上したのが、練馬区光が丘で拳銃を所持していたため、銃刀法違反の疑いで逮捕された村上一郎（仮名）という男だった。

「下手な調べをやってんじゃねぇよ！　シロなわけねぇだろう！」

練馬署の大部屋が一瞬にして静まりかえった。大峯が怒声を浴びせた捜査主任・石田晶（仮名）の顔は強張っている。

「村上はホシだよ。間違いない」

大峯は吐き捨てるように言った。

大峯は村上の筋に拘《こだわ》っていた。監禁された家族の証言によると、社長宅で二人組は終始ストッキングで覆面をしていたという。犯人はU工務店と関わりがある人間かもしれない、だからこそ顔を隠す必要があったのではないか、と大峯は睨んでいた。それで工務店の下請け業者リストから村上の名前を摑んだのだ。拳銃の所持と併せ、大峯は「コイツだ」と思った。

当時の管理官は、村上の調べを石田に担当させていた。だが調べの結果、石田は「村上はシロ」と判断した。その報告を受け、捜査本部は九月十四日に村上を釈放してしまう。調べが甘いとしか言いようがない、と大峯は憤った。

それから間もなく、「埼玉県大宮市の小田島という男が、最近羽振りがいい」という匿名の情報が入った。内偵を始めると、無職にもかかわらず家賃二十万円のマンションに住み、ベンツを乗り回している。しかも、詐欺や窃盗などの前科が十一犯もあった。

旅慣れているな、と大峯は感じた。「旅慣れる」とは、前科が多く刑務所暮らしが長いという意味だ。何をしでかしてもおかしくないタイプだろう。

さらに小田島の経歴を細かく洗ってみると、驚くべき発見があった。

小田島と村上は同時期に府中刑務所で服役していたのだ。点と点が繫がった。

これは間違いない――。大峯は確信した。

深夜の特別捜査本部。他の捜査員がいなくなったのを確かめ、大峯は理事官席に真っ直ぐ向かった。捜査について直談判するつもりだった。間にいる管理官を無視した越権行為であることは百も承知だ。だが基本的に、組織のルールよりも捜査を優先するべきだ、と大峯は考えていた。

「理事官！　やっぱり村上はホシだと思います。それと小田島という男も、最近妙に金回りがいいようで怪しいです。しかも二人は府中刑務所で一緒でした！」

その時の理事官は、大峯をよく知る寺尾正大だった。寺尾は大峯の熱弁を淡々と聞いていた。

二人の付き合いは長い。寺尾は大峯より六歳上で慈悲深い目をした男である。第一章で触れたように、最初にコンビを組んだのは首都圏連続ノックアウト強盗致死事件の捜査だ。その後もロス疑惑など数々の事件捜査に共に携わってきた。大峯の最大の理解者の一人といえるだろう。

二人は深夜まで捜査に没頭し、仕事を切り上げた後はスナックで飲み明かしたこともあった。大峯は北島三郎、寺尾は石原裕次郎の唄をよく歌った。遅くなれば自宅には戻らず署で眠りにつく、そんな毎日だった。上司であり盟友ともいえた。

すぐに熱くなる大峯に対し、寺尾は泰然として動じないタイプの刑事だ。まるで正反対のキャラクターを持つ相棒だった――。

「二人は共犯じゃないかと、私は睨んでいます」

明かりを落とした大部屋に、大峯の声が響き渡った。

「村上は釈放された後、行方不明になっています。小田島は今、香港にいることが分かっている。小田島を引っ張りましょう」

寺尾が口を開いた。

「大峯くん、分かった。お前が小田島を落としてこい」

大峯は少し驚いた。捜査はしたいが小田島の様子を窺ってからのことだろうと考えていたからだ。

「まず小田島を泳がせて、香港からの帰国の翌日、朝一番に呼ぶのはどうですか？」

部下の提案を寺尾は遮った。

「だめだ。また逃げられたらどうする。小田島が香港から帰国したところで〝勝負〟しろ」

その眼は鋭く光っていた。

大峯は即座に動いた。航空会社、成田空港の入国管理局、税関に捜査協力を申し入れた。小田島が香港でチケットを購入した段階、入国した段階、税関を通った段階で、それぞれから情報が入る手筈《てはず》を整えた。

勝負の時は迫っていた。

九月二十二日。小田島が香港から帰国するという一報を受け、大峯ら捜査員は成田空港に急行した。便が到着したのは午後八時過ぎ。人もまばらな税関の入り口で、小田島が出てくるのを待った。待機しているのは大峯と、スーツ姿の捜査員が五名だ。寺尾もわざわざ出張ってきて、理事官車の中で情勢を窺っている。

「寺尾さんも、えらいことを言うよな……」

大峯は考えを巡らせていた。寺尾の「勝負しろ」という言葉は、小田島を完落ち、つまり全面自供させろということだ。しかし、彼が犯人だと示す証拠や証言は〝何もない〟。唯一犯人の顔を見ているU工務店の常務に小田島の写真を見せたが、「犯人のようなそうではないような」という曖昧な証言しか得ることが出来なかった。あるのは大峯の直感、そして筋読みだけなのだ。

手筈は次のようなものだった。まずは小田島に任意同行を求め、警視庁に向かう車の中で聴取を行う。空港から都心までの所要時間を考えると、二時間が限界だろう。そこで落とすことが出来なければ、小田島は無罪放免となり行方をくらませてしまう可能性が高い。二時間で容疑者を完落ちさせなければ大峯の負けだ。あまりに無謀な勝負に思えた。

「来たっ」

誰かが小さく叫んだ。Tシャツにブレザー姿の痩せた男が、税関に姿を現した。捜査員が一斉に取り囲むと、男の顔が強張った。

「小田島だな？　警視庁捜査一課の者だ。ちょっと、お前に聞きたいことがある。一緒に来い！」

大峯は手短かに用件を告げた。意外にも小田島はあっさりと従った。車の後部座席に二人で乗り込むと、大峯はこう切り出した。

「実はな、三億円の関係でお前を調べたいんだ。分かってるよな？」

硬い表情のままだ。

「もう全て分かってるぞ」

そう凄むと、小田島は大峯を正面から見返した。

「令状を見せろよ」

小田島は小さく笑った。さすがは前科十一犯の男だった。まずは逮捕状を見せろと切り返してきた。

小田島が犯人だという証拠はない。捜査員たちは当然だが逮捕状を持っていない。現状では、あくまで参考人として任意同行することしか出来ない。大峯はぶっきらぼうに返した。

「後で見せてやるよ。車の中じゃ暗くて見えねぇだろ。それで、U工務店にお前と一緒に行ったのは村上だよな？」

大峯は小田島に手の内を悟られないよう、巧みに任意同行という言葉を口にせず、あたかも逮捕状を持っているような素振りをしながらカマをかけた。賭けだった。

その瞬間、小田島は観念したような表情を見せた。

ここが仕留めるタイミングだ――。すかさず、「現金はどうしたんだ」と大峯が畳み掛けると、あっさりと犯行を認めた。

「村上と一億五千万ずつ折半にしました」

――お前の取り分はどうした？

「マカオのギャンブルで全部使ってしまいました」

わずか数日の滞在で一億五千万円も擦るとは信じ難いが、大峯は（まあいい。あとで全部引っくり返してやる）と考えていた。今は犯行の全てを語らせることが最優先だ。

大峯は努めて冷静を装っていたが、強敵だと思われた前科十一犯の男が、いとも容易《たやす》く完落ちしたことに安堵していた。証拠は全て上がっていると思い込ませることに成功したのだ。小田島は淀みない口調で犯行の一部始終を語っていく。外に見える暗闇の景色が猛スピードで流れていった。

大峯たちを乗せた車は、霞が関の警視庁に向かっていた。

捜査車両が警視庁本部庁舎に滑り込み、犯行を告白した〝旅慣れた男〟は、刑事に囲まれながら署内に連行された。その表情は淡々としたものだ。

大峯は警視庁二階の〝参考人調室〟に黙って小田島を放り込んだ。自供はしたものの、まだ手元には逮捕状がないので現状では小田島を「容疑者」ではなく「参考人」としなければならない。幸いにも小田島は参考人用の部屋だということに気づかず、そのまま供述を続けた。

調書をまとめた大峯は、すぐに別室で待機していた寺尾理事官のもとに向かった。寺尾は成田から理事官車で大峯たちの後をついてきたが、車内での調べの様子は一切知らされていない。上ずりそうになる声を押し殺しつつ、大峯はこう報告した。

「寺尾さん、小田島が落ちました。これが調書です。今すぐ逮捕状を取ってください」

寺尾は、「あ、そうか」と静かに言うのみだった。

大峯は宮﨑勤の取調べ時には上申書を書かせている。上申書は私が犯行を行いましたと告白したという意味合いがあり、信用価値の高い書類とされる。だが取調べ慣れしている小田島に「上申書を書け」と命じると、逮捕状がないことがバレてしまう可能性があった。手の内を知られて否認に転じられたら厄介なことになる。もし否認されれば釈放せざるをえなくなる。大峯は、「調書でも逮捕状を取るだけなら十分だ」と計算していた。

大峯は調室に戻って再び小田島と向かいあった。だが内心ではジリジリした気持ちを抑えられずにいた。東京地方裁判所には令状発付等について夜間対応が出来るよう当番の裁判官が詰めている。たった今、調書を持った部下が地裁へと走っている。裁判所で逮捕状を発付してもらえればこっちのものだ。参考人のままでは小田島を留置場に入れることもできない。逮捕状が出なければ無罪放免だ。

二時間あまりが経過し、やっとお目当てのものが届いた。

「おい、さっき言ってた〝フダ〟を見せてやるよ。強盗並びに監禁の容疑でお前は逮捕だ！」

大峯は小田島に逮捕状を差し出した。時刻は午前零時を回っていた。

大峯が睨んだ通り、小田島と村上は刑務所で知り合った仲だった。

出所後のある日、小田島は「やばくてもいいから何かいい話ねぇかな」と村上に相談を持ち掛けた。村上は下請けとして働いていたU工務店の名前をあげ「大金を持ってそうないい会社がある。いま景気がいいはずだ」と提案する。実際にU工務店は公共工事を受注する中心となる会社で、地元では優良企業とされていた。二人はその会話をきっかけに犯行計画を立てていくことになる。

小田島の逮捕後、警視庁は行方をくらませていた村上を、強盗傷害容疑などで指名手配した。約二カ月が経過した十一月二十九日、村上は茨城県つくば市内の民家に強盗に押し入ったところを取り押さえられ、逮捕された。警視庁に送られてきた村上を、大峯が取調べることになった。

村上の妻は、「彼は一億五千万円の札束を自宅の仏壇の前に山積みにし、線香をあげて拝んでいた」と証言していた。村上は悪人だが妙な生真面目さがある男だった。

「やばかったんですよ」

取調室での村上は、大峯に向かってこう切り出した。

「いやあ、小田島はね、『全員、皆殺しにしちゃおう』と言ったんです」

――皆殺し？　そんな物騒なことを本当に言ったのか。

「そうすれば証拠が残らないで済むぞ、とそう言ったんですよ。私はそんなことしたら死刑になると、必死に止めましたけどね」

小田島は証拠隠滅のために家族七人の皆殺しまで考えていた。冷酷極まりない男だ、と大峯は思った。

小田島は懲役十二年の実刑判決を受け、宮城刑務所に服役した。

二〇〇二年六月の仮出所後まもなく、宮城刑務所で同房だった男と共にマブチモーター社長宅に押し入り、「殺人」という一線を越える罪を平然と犯した。それ以降も二件の強盗殺人に手を染めている。

二〇〇五年の逮捕後、小田島は千葉県警の取調べに対して黙秘を貫いていたが、突如

「週刊朝日」（〇五年十二月九日号）の誌上で手記を発表。四週にわたって掲載された記事のなかで、一連の強盗殺人について自供した。二〇〇九年には獄中手記『最期の夏「マブチモーター事件」強盗放火殺人犯 死刑囚獄中ブログ』（ミリオン出版）を出版する。

〈三億円事件は顔を見られたから逮捕されたけれど、殺せば逃げ切れると思っていました〉

小田島は村上の証言通りのことを週刊朝日の手記で認めていた。練馬三億円事件は家人を殺さなかったから失敗に終わった、と考えていたのだ。そこでマブチモーターの事件では、家人を絞殺の上、現場に火を放って証拠隠滅を図った。小田島が殺人を犯した理由は、実に短絡的なものだった。

人を殺めるという一線を越えた小田島だったが、その生い立ちだけは同情すべきものもある。

一九四三年に北海道北見市に生まれた小田島は、出生直前に父親を亡くした。その後は親戚中をたらい回しにされ、幼少期には何度か実母から無理心中を持ちかけられている。手記の中でも〈あちこちに預けられ、家族として祝福されたことのない人生でした〉と書いている。

「小さい頃から、いつもお金に困っている状況で育ちました」

小田島は大峯の調べのなかで、そう呟いたことがある。犯罪に手を染めるようになったのは中学生時代だ。

商店の引出しから現金を盗んで補導されたのが始まりだった。十七歳の時、質屋のショーウィンドウを割って指輪を盗み、懲役一年以上三年以下の不定期刑を受ける。これが初めての実刑だ。それ以降も寸借詐欺、自動車泥棒、窃盗傷害といった犯罪を繰り返し、甲府、府中、鹿児島の刑務所を転々とする。

〝旅慣れた男〟は人生の半分にあたる三十年あまりを刑務所の中で過ごしていた。その罪の多くが窃盗、刑事がいうところの〝泥棒さん〟だった。

まさに小田島は、泥棒の〝性《さが》〟を体現したかのような男だった。窃盗犯は自分の犯行の痕跡を残さないように細心の注意を払うため、神経質なタイプが多い。小田島も常に探るような視線を大峯に向けてくるような神経質な男だった。

また窃盗を繰り返す人間にとって、その犯行は趣味のような側面がある。民家に侵入したときの緊張感、現金を得たときのヒリついた感覚が忘れられず、また犯行を繰り返す。なかには快感のあまり犯行中に脱糞をしてしまう窃盗犯もいる。

「まあ私は、窃盗で何回も捕まりました。子供の頃から捕まっていますよ」

小田島が大峯にこう自慢げに語ったことがある。小田島は間違いなく窃盗に〝快感〟を覚えていた。

貧しい生い立ちのせいか、金への執着は人一倍強かった。小田島も最初から〝極悪人〟

だった訳ではない。赤貧の生活から抜け出すために仕方なくコソ泥を始めた。それが犯行を重ねていくうちに快感となり、ついには殺しにまで手を染めることになったのだ。罪を犯しても更生できる人間は、勤勉に働き社会に適応していく。小田島は「最後までそれに気づけずにいた」と大峯は話す。

日本の刑務所は再犯防止教育が十分に出来ていないと言われる。だから入出所を繰り返しながら、犯罪にも繰り返し手を染めるという例が後を絶たない。事実、小田島は服役中に「会社四季報」などを読み漁り、マブチモーターに目をつけ犯行計画を構想していた。

小田島のように犯行をエスカレートさせ、ついには強盗殺人という大それた凶行まで犯す。大峯は、「いちど逮捕した私も含めて警察当局も、再犯をどのように防いでいくのか。その課題を真剣に考え直す必要があると実感した事件でもあった」と溜め息をつく。

小田島は二〇〇七年に死刑が確定。二〇一七年九月十六日、死刑囚として収監されていた東京拘置所で、食道がんで病死した。七十四歳だった。

「これはね、人生で初めてつかんだ大金でした」

練馬の事件で三億円を得たときの心情について、小田島は嬉しそうに大峯に語った。大峯の前で表情を緩めた唯一の瞬間だった。取り分についてはギャンブルで全て擦ったと言っていたが、その後調べてみると、大部分を貯金や投資に回していた。

――辛い過去があったのは分かる。でも大人になれば、自分の行動の責任は自分で負うものだぞ。

大峯はこう小田島を諭したことがある。

「人それぞれでしょう」

小田島から返ってきたのは、その一言だけだった。

第五章

信仰

オウム真理教
地下鉄サリン事件 1995

黙秘を貫く〝天才信者〟を、築地署の屋上に連れ出した。

地下鉄サリン事件で手当てを受ける乗客ら

「大峯さん、オウム真理教って知っていますか？」

朝日新聞社会部記者の清水建宇《たてお》が、ふいに聞いてきた。

――知ってるよ。あのおかしな宗教団体だろ。

夜半過ぎ、大峯は自宅で清水と雑談をしながら酒を酌み交わしていた。

大峯は新聞記者やテレビ局記者の夜回り取材を受けないことで有名な刑事だった。記者に捜査情報を話してもいいことは何一つないというのが大峯の考え方だ。そうしたなか、清水は大峯が心を許していた数少ない新聞記者だった。

オウム真理教は当時、メディアを騒がせ始めていた新興宗教団体だ。

「ご存じだと思いますが、横浜で坂本堤弁護士の一家が行方不明になっている事件がありますよね。現場にプルシャのバッジが落ちていたそうです。大峯さんはどう考えていますか？」

プルシャとはオウム真理教のバッジである。オウム真理教の紋章などが刻まれた「神秘のセラミックハーン」なる材質で出来ているというもので、オウム真理教の幹部にしか配付されないという噂が立っていた。

——神奈川県警の管轄だからな。オレらが口を挟む問題じゃないしな。

「オウムがやっぱり臭いんですよね」

清水は正座をしながら続けた。

刑事と新聞記者は不思議な信頼関係で結びついていた。

ロス疑惑では洪水のような報道に捜査は振り回された。宮﨑勤事件では上申書がスッパ抜かれたこともあった。「捜査において報道は障害でしかない」と大峯は考える。それでも清水を信用していた理由は何か。新聞記者というよりその人柄だった。清水は大峯の前では常に礼節を重んじる。自宅で飲もうが正座を崩さない。そして捜査を妨害するような記事は絶対に書かないという義理堅さを持っていた。だから大峯は本音で語り合えたし、事件の話で議論を交わすことも出来た。

——オウム真理教が臭いってか。

大峯はそう呟くと焼酎のグラスを傾けた。後に対峙することになる新興宗教団体の存在を明確に意識した初めて夜だった——。

春陽が麗《うら》らかに射す、気持ちのいい日曜日だった。

一九九五（平成七）年三月十二日、近くの公園では家族連れが休日を楽しむ一方、埼玉県の陸上自衛隊朝霞《あさか》駐屯地には物々しい空気が漂っていた。大峯の所属する警視庁捜査一課のメンバー全員が招集されていたのだ。警視庁が訓練で自衛隊の施設を使用するのは、極めて異例のことだ。

グラウンドには二百四十人余りの捜査員が怪訝《けげん》そうな顔で並んでいた。訓練の目的が知らされていなかったためだ。その後始まったのは、ガスマスクの着脱訓練、噴霧器を使っての洗浄訓練だった。

「オウム真理教か……」

誰もがそう直感した。

約二週間前、東京・品川区の公証役場事務長（仮谷清志さん）の拉致《らち》事件が発覚し、オウム真理教の関与が疑われている最中だった。強制捜査は目前と囁かれているなかでの、この極秘訓練だ。教団が保有しているとされる化学兵器・サリンへの対策なのだろう。

「地下鉄サリン事件」発生のわずか八日前のことだった。

九五年三月二十日にオウム真理教（以下、オウム）が引き起こした地下鉄サリン事件は、地下鉄日比谷、丸ノ内、千代田各線の複数車内で猛毒の神経ガス・サリンが同時散布され、十三人が死亡、六千人以上が負傷する大惨事となった。大都市・東京で一般市民を標的とした無差別化学テロが行われたという事実は、世界中を震撼させた。

「捜査一課員は、直ちに警視庁の大部屋に集合せよ」

三月二十日午前八時半過ぎ、警視庁から一本の電話が入った。大峯は三鷹署に設置されていた「井の頭公園死体遺棄事件」の捜査本部で、会議に出席していたところだった。急いで警視庁に向かうと、霞ケ関駅周辺は異様な空気に包まれていた。何が起きたんだ……？

その時の大峯は、「地下鉄で異臭騒ぎが起こった」という情報しか得ていなかった。現場をこの目で確かめようと地下へと続く階段を下りようとしたが、既に立入禁止となっていた。

警視庁六階、捜査一課の大部屋。当時、警部であり現場指揮を統括する立場にあった大峯は、どう捜査すべきか考えあぐねていた。撒かれた物質は不明、オウムの犯行ともまだ断定できない。部屋のテレビには築地駅周辺で人がバタバタと倒れている様子が映し出され、捜査員全員が食い入るように見つめていた。

遺留された薬品の鑑定結果等から、使用された物質がサリンだと判明したのは正午前のことだった。

二十二日朝、警視庁は教団への強制捜査に着手した。大峯たちは迷彩服にガスマスクを携帯し、オウムの拠点施設がある山梨県・上九一色《かみくいっしき》村（当時）に向かった。部下がサリン検知用のカナリアの鳥籠を抱えていたのが印象的だった。

現地に到着すると、「サティアン」と呼ばれる施設が建ち並んでいた。大峯らは数組に分かれて建物を捜索したが、どこも、もぬけの殻だった。教祖・麻原彰晃を始めとする主要な幹部はすでに逃走し、信者がまばらに残っているだけだった。

一方で、収穫もあった。「第7サティアン」から、サリン製造プラントが発見されたのだ。


四月二十六日、警視庁が教団施設を一斉に再捜索。上九一色村の建物に七名の教団幹部が潜んでいるのを発見、逮捕した。

大峯が取調べを命じられたのは、そのうちの一人。オウムで「第二厚生省」大臣を務め、「化学班」キャップとされていた土谷正実《まさみ》（当時三十歳）だ。サリン製造のキーマンである土谷を落とし、地下鉄サリン事件の全容を解明することが急務とされていた。

東京の大崎署に引致されていた土谷は、坊主頭に無精髭《ぶしょうひげ》をはやしていた。容疑者と初めて対峙するときに一発かますのが大峯の流儀だった。

「俺が調べを担当するからな」

坊主頭を一瞥しながら大峯は土谷を睨みつけた。

反応はない。

無表情を崩さない土谷に対して、大峯は「髭剃《そ》れよ」と言った。明日からさっぱりしようや、全部話せよ、と投げかけたつもりだった。

翌日からの調べは、特別捜査本部が設置された築地署で行われた。だが、取調室での土谷は、想像以上の難敵だった。

「おい、オウムについて教えてくれよ。麻原はどういう奴なんだ」

「オウムというのは世の中のためにならない宗教だ。おまえ、それがわからないのか」

どんな話題を振っても、土谷は口を固く閉ざし、表情を変えない。

大峯は、容疑者を壁に背中がつくほどの位置に座らせて心理的圧迫をかけながら調べを行う、いつもの手法を取っていた。土谷はパイプ椅子にぴんと背筋を伸ばして座り、ひたすら虚空を見つめている。オウム、そして教祖の麻原を守るために、自分は何も話さない。顔にはそう書いてあった。

朝十時から夜中まで、大峯が一方的に話し続け、土谷は完全黙秘という日々が続いた。まるで、死人のような男だった。

そんななか、苦肉の策として大峯が考えついたのは、土谷を両親に会わせることだった。

一九六五年生まれの土谷は東京・町田市で、父親は大手電機メーカーの幹部、母親は専業主婦という裕福な家庭で育った。都立狛江高校時代は成績優秀でラグビーに熱心に打ち込む、学校の人気者だったという。卒業後は筑波大学、同大学院へと進学し、有機物理化学研究室に所属。大学院修士二年目だった一九八九年にオウムと出会い、深く溺れていくことになる。

土谷という人間を知るために、大峯は調べを始めてから二回、両親と面会していた。

大峯と向き合った夫妻は、「本当に申し訳ありません」と何度も頭を垂れた。母親に土谷のことを聞いても「反抗期もない、素直ないい子だった」と言う。家庭に問題があったようには見えなかった。

両親はそれまでに何度も、息子をオウムから脱会させようと試みていた。一時は教団から引き離し、茨城県内の更生施設に匿《かくま》うことに成功したものの、土谷はそこから逃げ出し、とうとう出家してしまったのだ。「オウムに入っていなければこんなことにならなかったのに……」。両親の顔には、後悔や諦めの念が滲《にじ》んでいた。大事に育てた我が子が、殺人の片棒を担いだ。その心中を慮《おもんぱか》ると、大峯は居た堪れない気持ちになった。

ある日、大峯は両親を呼び出し、こう頼み込んだ。

「土谷は黙秘を続けています。お父さん、お母さんと会えば、昔を思い出して真っ当な人間に戻るかもしれない。会ってみてください」

両親には取調室を出て廊下を二十メートル進んだところにある、刑事部屋の隅に立ってもらうことにした。土谷は「接見禁止」となっており、親といえども面会させることはできない。偶然を装って会わせることにしたのだった。

大峯は取調室の扉を開けっ放しにしておき、土谷にこう促した。

「おい、あっちを見ろよ」

土谷が扉の先へ視線を向ける。そこには、沈痛な面持ちで息子を見つめている両親の姿があった。

一瞬、無表情だった土谷の瞳に影が差したように見えた。だがそれは、ご両親と会って心が動いて欲しいという、大峯の切実な思いが生み出した錯覚だったのかもしれない。


大峯は焦っていた。

土谷の逮捕直前の四月二十三日、東京・南青山のオウム教団東京総本部ビル前で、教団のナンバー2・村井秀夫が刺殺されるという事件が起きた。サリン製造の統括責任者だった村井が消え、決定的な証拠も見つからない。残る土谷の証言が頼みの綱だった。

土谷を落とす糸口は全く見えなかった。時は刻一刻と過ぎ、タイムリミットが迫っていた。

土谷は四月二十六日の発見時、指名手配中の信者と一緒に隠れていたため、「犯人隠匿」の現行犯で逮捕された。これはどう考えても無理筋だ。犯人隠匿だと、勾留期間は二十日も請求できない。大峯は十日が勝負だと覚悟していた。その間にサリン製造の自供をとって再逮捕できなければ、土谷は無罪放免になってしまう可能性もあった。

一週間が経過した頃、大峯は土谷に自殺防止の腰縄をつけて、築地署の屋上に連れ出した。

「どうだ。気分転換しようや」

眼前に広がる夕暮れの空を見ながら、大峯は話しかけた。土谷は何も言わずに空を仰いでいた。

夕方の時間帯を選んだのは、「陽が落ちれば、ホシも落ちる」という願掛けの意味もある。だが大峯のこの行動の裏には、もう一つ、重要な思惑が存在していた。

実はこの時点で、調べの方針を一八〇度変えようと決めていたのだ。昨日今日でこちらの態度がガラリと変わっては、ホシの信用を失ってしまう。いったん屋上に連れ出して場の空気を変えることで、〝方針転換〟を自然に見せようとした。

それまでの大峯の方針は、土谷の洗脳を解いてオウムの呪縛から解き放つことで、自供を引き出そうというものだった。他の捜査官も同様の方針で調べを進めており、地下鉄サリン事件の実行犯である林郁夫はすでに自供を始めていた。だが、土谷だけは洗脳が解けない。

オウムを否定するのではなく、その信仰心を利用しよう。大峯はそう考えたのだった。

まずは麻原の呼び方を変えた。土谷にとって教祖・麻原は絶対的な存在だ。それまでは「麻原」と呼び捨てにしていたが、土谷と同じ目線に立ち、「尊師」の名称を使って話すようになった。

また、「ご両親がお前を脱会させようとしたのは、信教の自由に反するよな」と、土谷の気持ちに寄り添い、詭弁を弄したこともあった。

一番大きかったのは、土谷に新聞を読ませ、オウムについての情報を与えたことだった。「俺はお前に嘘は言っていないぞ」ということを証明し、信頼関係を築くためだ。その頃国会では、オウム捜査に「内乱罪」を適用できないかという声が出始めており、紙面でもその用語が多く見られた。内乱罪とは「政府を転覆することを目的として暴動をなす」ことで、首謀者には死刑または無期懲役という厳しい量刑が科せられる。大峯は、麻原が追い詰められていることを土谷に理解させようとした。

「尊師を救ってやれよ」

大峯は諭すように語りかけた。

「尊師はこのままだと死刑になる。救えるのはお前しかいない。お前がサリンを作ったことを話せば、尊師は内乱罪の適用から逃れられるかもしれないぞ」

これは勿論方便であり、土谷の信仰心と社会的無知を利用した搦《から》め手だった。土谷は黙りこくり、表情に変化はない。大峯は畳み掛けた。

——お前、どうする？　お前が言わなければしょうがないだろう。

「……わかりました」

土谷は静かにそう言った。

——サリンを作ったのは、お前だよな？

「……そうです」

とうとう土谷が落ちた。

——じゃあ、これからサリンの作り方を教えてもらうからな。

大峯がそう言うと、土谷は一転、サリンの製造方法について饒舌に語り出した。彼の言葉を聞くのは初めてのようなものだったが、声のキーは高く、早口だった。「ゆっくり説明してくれよ」と頼むと、土谷は紙にスラスラと化学式や図を書き、丁寧に解説してくれた。

土谷は化学については〝天才〟だった。VXガス等の化学兵器から覚醒剤に至るまで、国会図書館の文献を参考にして自作していたらしい。ところが、サリンだけは文献がなかった。そこで土谷は、化学式から逆算して成分や製造方法を割り出し、原料を調達してサリンを完成させたのだ。後に調書を見た科捜研の科学者は、「ものすごく頭がいいですね」と舌を巻いていた。

自供を始めてからの土谷は、パイプ椅子の上で座禅を組むようになった。自分はオウム信者だ、という強い意識を感じさせた。

——どうして、サリンの研究を始めたんだ。

「オウム真理教がサリンを必要とした経緯は、一九九〇年二月の総選挙で、尊師である麻原彰晃教祖を始めとする教団幹部ら『真理党』の立候補者二十五人がすべて落選したことから始まります。その選挙までは、教団はマハーヤーナの姿勢だったのです。しかし選挙後、『この世はマハーヤーナでは救済できない、ヴァジラヤーナで行くべきだ』と説かれるようになったのです」

「マハーヤーナ」は、一般人が理解できる範囲でオウムの教義を広める方法を指す。一方の「ヴァジラヤーナ」は、武力行使による救済を意味した。このヴァジラヤーナの考えを背景として、悪行を積んでいる人間を「ポア（殺人）」することが許されるのだ。

「オウム真理教では将来、ハルマゲドンが到来する時期がくると言われていました。このハルマゲドンは、『世界最終戦争』と説明されています。私も将来そのような時期が必ずくると信じています。

私は村井秀夫さんから『天変地異によって治安が乱れたとき、暴徒が破壊活動を起こす。オウム真理教にもその被害が及ぶだろう。オウム真理教は自衛のためにも軍事力を保持しなければならない。化学兵器による攻撃からの防御も必要だ』と言われたのです」

静かな口調は変わらなかった。

――サリンを作って、人が死ぬとは思わなかったのか。

「自分の気持ちとしては、サリンを合成すること自体にもの凄い抵抗感がありました。オウムの教義には不殺生があり、教義に反すると思ったからです。しかし、その抵抗感も一九九四年頃には薄くなった。ポアの教えが、心の支えになったからです」

――松本サリン事件や地下鉄サリン事件で、人が何人も死んでいることをどう思うんだ。

そう問いかけると、土谷は再び死人のような顔に戻り、口を開くことはなかった。

土谷は特に強く、マインドコントロールの影響を受けていた。サリン製造は村井秀夫の指示と言い張り、最後まで麻原の名前を出さなかった。

大峯は、土谷の「純真さ」が仇《あだ》になったのではないかと思った。彼は大学院博士課程を中退後、ほとんど教団内のみで生活していたので、社会経験が乏しかった。だから、なかなか洗脳が解けなかったのだ。一方の林郁夫は臨床医としての社会経験があった。捜査員から医者の倫理を突かれたことで、いち早く洗脳が解けた。

当初はオウムに懐疑的だった土谷が、活動にのめり込んでいくきっかけとなったのは「夢精」だった。

土谷は高校時代に彼女はいたものの性体験はなく、定期的に起こる夢精に真剣に悩んでいた。ところが、オウムの道場で修行をしたら夢精がなくなったらしい。大峯が詳しく話を聞くと、「バナナ一本に海苔《のり》しか食べずに、夜遅くまで修行した」と言う。栄養不足が体調に影響を与えたのだろう。

また、麻原の人心掌握術も非常に巧みだった。麻原は遠藤誠一を第一厚生省大臣、土谷を第二厚生省大臣に任命し、二人を競わせていた。遠藤が麻原に上手く取り入るので、土谷は敵愾心《てきがいしん》を強く持っていた。自分のほうが化学知識も豊富で能力も上だと感じていたから尚更だった。調べでも遠藤については、「あの男は何もできません」と、敵意を剝《む》き出しにしていた。

麻原はその一方で土谷を、「君とは過去世から縁が深い。いつでも私に会いに来なさい」と可愛がり、寿司やお好み焼をご馳走していたという。また、第7サティアンで潤沢な研究資金と設備を与えた。そうして上手く心を摑んだのだ。麻原に認められたいという一心で、土谷は化学兵器の製造に没頭することになる。

オウムの内実は、功名心に嫉妬と、人間の業で溢《あふ》れていた。そういう意味では一般組織と同じだ。だが土谷のような真っ当な青年が、組織の中で狂っていく——、そこにこの教団の恐ろしさがあった。

七月二十六日、土谷から〈救済について〉と題された上申書を三枚渡された。ヴァジラヤーナについて詳しく説明したいという。文章を読んだ大峯は、頭を抱えた。

〈全ての魂を最終的には絶対自由、絶対幸福、絶対歓喜の存在する大完全煩悩破壊界（マハー・ニルヴァーナ）あるいは、大到達真智完全煩悩破壊界（マハー・ボーディ・ニルヴァーナ）へ導くということです〉

几帳面な字で、オウムの教義がビッシリと書かれていた。だがこの文章は、救済を語って殺人を正当化しているだけだ。オウムの教えは、土谷のかなり深い部分にまで入り込んでいたのだった。

二〇一一年二月十五日、最高裁の上告棄却により土谷の死刑が確定した。判決の前に、土谷は各新聞社に手記を寄せている。

〈麻原は個人的な野望を満足させるため、弟子たちの信仰心を利用しながら反社会的行動に向かわせたと思わざるを得ません〉

〈自分自身の思考・判断をかなぐり捨て、上層部の指示・決定のままに従い、結果として一連の凶悪犯罪に加担してしまった〉

そこには、謝罪と後悔の念が綴《つづ》られていた。事件から十六年、土谷の洗脳は解けていた。

二〇一八年七月六日、土谷の死刑執行の一報を聞いたとき、大峯は少し寂しい気持ちになったという。

土谷はサリンを製造した罪は免れないが、テロの実行犯ではない。その点では一般的な殺人犯とは少し種類が異なる。また彼は、地下鉄サリン事件の直前に高校時代の彼女に電話をかけ、「三月二十日は東京に行くな」と伝えている。根は素直で、優しい人間なのだろう。

土谷は手記の最後で、「生まれてこなければ良かった」と自身を恥じていた。本来の自分に戻っていたのだ。公判中に徐々に洗脳が解けていき、ようやく罪の重さを認識する。

それは彼にとっては過酷な事だったのではないかと思う。

「この事件は、サリンを作った土谷、おまえの責任なんだよ」

大峯はあの時、土谷にこう強く言うべきだったのではないか——。

自分の罪について自覚させようと努力するべきだったのではないか、と今でも大峯は悔いることがある。

第六章

「自演」

証券マン殺人・死体遺棄事件 1996

「あいつこそ真のワルだ」。危険な男との取調室の対決。

横浜讀賣

徹底偽装の奥に何が

葉山のデザイナー 狂言誘拐容疑

派手な生活、一方借金

県警 警視庁と協力、行方追及

自宅周辺 「あの温厚な人が……」

マンションひっそり

事件を伝える「読売新聞」
(1996年11月14日付)

「指だっ！　指が出てきたっ。第一関節から切断されている。マル害のものだろう！」

神奈川県葉山町の小高い丘の上に建つ豪邸に怒声が響き渡った。捜査員が郵送されてきた封筒を改めたところ、中に切断された指が入っていたのだ。

「ヒャッ」

小田嶋透の妻、洋子（仮名）の顔面は蒼白だ。

豪邸の中で待機していた警視庁捜査一課特殊班が慌ただしく動き出した。

「鑑識に回せ！　小田嶋のものか確認だ！」

封筒の中には脅迫文が入っていた。

〈オクサン　バカナコトシタ　ヤクソクマモレバ　ナニモシナイトイッタノニ　（中略）スグニ　サツ　テヲヒカセロ　（中略）　ダンナノ命モナクナル　サツ　イエニイタリ　マワリウロウロシテイタリ　スルカギリ　キョウカライチニチオキニ　ユビキル〉

一九九六（平成八）年十一月四日、渋谷署に一通の被害届が出された。

小田嶋透という男が誘拐され、身代金五千万円が要求された。すでに六通の脅迫状が届けられていた。渋谷署から連絡を受けた警視庁捜査一課は、特殊班を出動させる。特殊班とは、身代金目的の誘拐やハイジャックなどへの対処を専門的に行うチームである。正式名称は捜査一課特殊班捜査係という。

葉山にある小田嶋邸は、相模湾や富士山を一望できる高台にある豪邸だ。小田嶋は自称デザイナーとして豪華な屋敷を構え、ポルシェやアルファロメオなど高級外車を何台も所有するような豪勢な生活を送っていた。

しかしこの誘拐事件、身代金目的とするには不可解な経緯があった。小田嶋はある事件の重要な容疑者だったからだ。

同じ年の二月、東和証券渋谷支店営業課長代理の西村秀《まさる》が、顧客から現金三億九千万円を預かったまま失踪するという事件が起きていた。西村は優秀な証券営業マンとしてならしていた。そんな彼が忽然《こつぜん》と姿を消したのである。失踪前に西村は次のように語り、多額の金を集めていたことが判明した。

「株のインサイダー情報がある。大阪の上場企業キーエンスの役員が所有株式を放出し、株の売却益で医療や海外観光開発などの事業会社を設立する計画だ。この取引は市場を通さない。役員から放出された株は投資家がいったん買い取り、これをチェースロンドン銀行が二五％増で買い取ることになっている。東和証券は手数料として五％を受け取るので、一晩で二〇％の儲けが出る。一億出資すれば二千万の儲けです。私を信じて出資して頂けませんか」

事件は経済事件を専門に扱う警視庁捜査二課が捜査に着手していた。西村は周囲にこんな話をしていた。

「キーエンスの話は、顧客の小田嶋さんから持ちかけられた。株売買がうまくいけば新しいコンサル会社に契約金一億円で迎える、だから出資金を確保してくれと言われた」

西村は金回りのいい小田嶋に憧れを抱いていた。だが、一方で一抹の不安も抱えていたようで、知人にこうも漏らしていた。

「大阪湾に死体が浮いたら僕だと思ってくれ。もし僕がいなくなったら、小田嶋さんのことを警察に話して欲しい」

捜査二課は共犯、もしくは主犯の可能性を視野に入れ小田嶋への取調べを続けていた。その最中に誘拐事件は起こったのだ。

小田嶋の事件は誘拐事件に切り替わり、捜査一課が乗り出し、特殊班が投入された。この特殊班で捜査にあたっていた刑事の一人に市原義夫がいた。

若き日の大峯と刑事養成講習で机を並べた、あの市原である。

市原は講習受講後、所轄で暴力団担当刑事としてキャリアを積んできた。白いスーツ姿にエナメルの靴で闊歩《かっぽ》する〝マル暴刑事〟として活躍、ハンサムな青年は強面刑事へと成長して所轄で名を揚げた。市原もまた実技を買われ、警視庁捜査一課に引き上げられた刑事の一人だったのである。

送られてきた指を見て捜査員たちは慌ただしく動き始めた。

市原が回想する。

「犯人の現金要求の動きがノロノロしていて、この誘拐事件はどうにも不自然だなとみな思い始めたところに、指が送られてきたのです。照合すると確かに小田嶋本人の指だ。やはり誘拐か、と捜査陣は色めき立ちました」

捜査一課長に就任していた寺尾正大は、ここである読みをする。

「小田嶋は指を切り落とされているから、どこかの病院に行っているはずだ。都内の病院を徹底的に洗おうじゃないか」

五十四代目の警視庁捜査一課長である寺尾は異彩を放つ指揮官だった。「ロス疑惑」や「オウム事件」を大峯らと共に手掛け、指揮官としての統率力はピカイチと認められていた。捜査に長《た》けているだけではなく、警視庁首脳部や管理部門、永田町やメディアなどに幅広い人脈を持つ才人だった。大仏のような風貌通りの懐の深さを持ち、その鋭い判断力にも定評があった。

各病院に確認の電話を入れたところ、小田嶋が姿を消した九月二十五日以降に、指を切断した患者は百人以上もいることが判った。裏付けを取り絞り込んでいくと、東京・中野総合病院に一人怪しい男性が女性と来院していたという事実が浮上した。

捜査員が病院で診察した医師に話を聞くと、男は「根本明」という保険証を提示したことがわかる。名前が違う。小田嶋の写真を見せても不確かだという。だが、小田嶋の愛人である下川幸子（仮名）の写真を見せると、「この人で間違いない」と医師が認めた。

根本明の保険証は偽造だった。病院には愛人とともにタクシーで訪れている。誘拐や監禁された可能性は低くなった。小田嶋は捜査二課の手から逃れようと自ら指を落とし狂言誘拐を仕組んだのだ。診察申込書からも小田嶋の指紋が検出された。捜査本部は「小田嶋の誘拐事件は狂言誘拐」と断定する。

愛人を自宅で確保した捜査本部は、取調べ官に市原を指名した。小田嶋は愛人の下川と行動を共にしていた。目的は一つ、下川に小田嶋の潜伏場所を吐かせることだった。


渋谷署四階の取調室に下川はポツンと座らされていた。

下川は大きな目と暗い表情が印象的な美しい女性だった。グレーのセーターにスラックスというシックな服装は、二十五歳という年齢以上の落ち着きを感じさせるものがあった。

市原はこう切り出した。

――あなたはさっきまで小田嶋と一緒にいたでしょう。どこにいたの？

「………」

――小田嶋が誘拐を装ったことは、もうわかっている。

「………」

何を聞いても無言だった。

山形出身の下川はデザイナーを目指して上京し、服飾関係の専門学校に通ったのち、下北沢の「マーマレード」という雑貨店に入社していた。マーマレードは小田嶋が関わっていた会社だった。フランス帰りのデザイナーや、ピアニストと自称していた小田嶋は、「資産が十億ある」「妻とは離婚調停中なんだ」と甘言を囁き、下川に近づいて自分のアシスタント兼愛人にしていた。


小田嶋は下川に家賃二十万円のマンションを提供し、二百五十万円もする外車シトロエンを買い与えた。昼は葉山の豪邸で妻と生活し、夜は〝仕事〟と偽り下川のマンションに入り浸るという二重生活を、小田嶋は続けていた。

無言を貫く下川に市原は苦戦していた。

以前に捜査二課が、小田嶋を捜査していたことは前述した。下川も一連の捜査で聴取を受けており、警察の取調べに対する免疫があった。素直に小田嶋の居場所を話せと言って、口を割る雰囲気ではない。

取調室に入ってから、時間は四時間あまりが経過していた。

ジリジリとする空気のなか、市原は春先に行われたオウム真理教の捜査を思い浮かべていた。洗脳された信者の取調べは至難を極めた。そうだ、押してもだめなら引いてみるか……。

──あなたは小田嶋を信用している。それはいい。信じられる相手がいるということは幸せなことだと思う。女としても男としてもね。でも、いま一緒にいた小田嶋が苦しんでいるんだよ。指の麻酔ももう切れている。きっとのたうち回っているぞ。小田嶋はいま隠れている。あなたがいないと病院にも行けない。このまま放置したら指から壊死《えし》してしまうよ？　それでいいわけないだろう？

「………」

──いまだって小田嶋は痛くて苦しんでいるぞ。助けてやろう。

「うーーん……」

──実際は誘拐されていない、狂言だって知っているよ。だけどね、小田嶋をこのまま放置したら、治療させなかったら命に関わってくるよ？

市原は方針を変えた。男にのめり込んだ女を引き剝がすことは困難を極める。小田嶋を助けようと語り掛けることで、愛人の〝情〟に訴えかけたのだ。下川の反応が少しずつ変化してきた。

――もし小田嶋が罪を犯していたら償わせないといけない。でも、今は彼の命を助けることが先決だぞ。

「………」

――おまえは小田嶋を好きなんだろ？　愛しているんだろ？

下川はコクリと頷《うなず》いた。

――このままだと小田嶋は死んでしまうぞ。死んでしまうぞ！

「はい……」

――今まで一緒にいたな？

「はい……」

――どこにいたんだ？

「………」

――言いにくいか。口に出せないなら、ここに書きなさい。

市原は紙とペンを渡した。

下川は苦しそうに天を仰ぎ、筆を取った。

〈赤坂〉

用紙にはそう記されていた。

――赤坂のどこだ？　小田嶋を助けよう。救急車を手配する。続きを書いてくれ。

下川は再びペンを取った。

〈キャピトル東急〉


潜伏場所が割れた――。

大峯は当時、捜査一課係長職にあり、オウム真理教の地下鉄サリン事件を捜査した後に、応援としてスーパーナンペイ事件の捜査に駆り出されていた。

スーパーナンペイ事件は一九九五（平成七年）七月三十日夜に東京都八王子市大和田町のスーパーマーケット事務所内で発生した拳銃強盗殺人だ。その後も迷宮入りしている難事件に挑み、新しいアプローチから捜査できないかと試行錯誤していた。

大峯は課長の寺尾に呼び出され、こう下命を受けた。

「小田嶋を逮捕してくれ」

いきなり逮捕に駆り出されるというのは異例のことだ。大峯は前述のように別件を捜査している。小田嶋の事件については専任の捜査員が別にいるにもかかわらず、大峯が指名されたのだ。寺尾はいずれ大峯を小田嶋の取調べ官として投入しようと、その時から考えていたようだった。

小田嶋の事件は既に述べたように捜査二課から、捜査一課へと主体が変わっていた。誘拐事件が狂言と分かり特殊班は撤退し、〝殺し〟の線を捜査するために捜査一課の山城班が投入されていた。特殊班の市原だけが、愛人の取調べ担当として捜査本部に残っていた。

その市原から、小田嶋はキャピトル東急ホテル五四八号室に、「根本明」の偽名で宿泊していると報告が上がってきた。

大峯は自らの班の若い衆（部下の捜査員）を引き連れて赤坂に急行した。

「おい小田嶋！　いるのはわかっているんだ。警察だ。開けろ！」

激しくホテルの扉をノックした。だが無反応だ。

フロントに協力要請を出し、扉を合鍵で開けて部屋に雪崩《なだ》れ込んだ。

「小田嶋！　大人しくしろ」

室内には痩せた長身の男が正座をして座っていた。逮捕を覚悟したのだろう。その表情は落ち着いたものだった。

「小田嶋透だな。逮捕状が出ている」

小田嶋は無言だった。髭をそり落とし長袖Tシャツにスラックスという恰好だった。芸術家風といえば芸術家風の雰囲気はある。

十一月十四日、小田嶋を逮捕。容疑は「有印私文書偽造、同行使」。偽名の保険証を病院で使ったことを逮捕の理由にしたのだ。

大峯はキャピトル東急から一キロもない警視庁まで小田嶋を連行した。そして、警視庁で控えていた山城班にその身柄を引き渡した。

別れ際に大峯は小田嶋にこう言った。

「いずれお前と、また会うことになるぞ。覚えておけ！」

逮捕を受け、渋谷署に設置されていた捜査本部は殺人捜査本部に再編成された。本筋は西村失踪への小田嶋の関与、そして小田嶋が西村を殺害して遺体を隠しているのではないかという「強盗殺人」並びに「死体遺棄」の疑いを解明することだった。

捜査二課の調べでは小田嶋を落とすことができなかった。山城班の捜査でも小田嶋の口は堅い。

そこで再び大峯は寺尾一課長から呼び出しを受けた。

「大峯、お前が小田嶋を調べろ」

寺尾は「頼むぞ」と言うと、大峯の肩をポンと叩いた。やはり来たかと大峯は思った。

「相手にとって不足はないだろう」と呟いた。

オウム真理教の土谷を落としてから、寺尾と大峯の信頼関係はますます深くなった。数々の大事件の捜査を率いてきた寺尾は、警視庁内では〝大課長〟と呼ばれる存在である。自身の配下には他部署から引き抜いた精鋭を揃えており、その中でも最も信頼を置いている捜査員が大峯であることは、警視庁内では衆目の一致するところだった。

だが〝落としの大峯〟とあだ名されるようになっても、取調べが毎回真剣勝負であることには変わりがない。必ず落とせるとは限らないのである。しかも小田嶋は、狂言誘拐まで行った狡猾な男だ。

大峯は取調室に入った。じろりと容疑者を見る。眼鏡の奥の眼は鋭い。

――おう、人殺し。また会ったな。

小田嶋は一瞬ギョッとした顔をした。

――捜査二課の取調べは騙せたかもしれないが、一課には通じねぇぞ。よく覚えておけ！

大峯はまずガツンと一撃をかました。小田嶋は二課、一課で何度も取調べをして落ちなかったしぶとい男だ。大峯は「オレの取調べは今までとは違う、甘くないぞ、とまずあいつに知らしめる必要があった」と回想する。

大峯の頭の中には二課の捜査資料が全て叩き込まれていた。

小田嶋の人生は〝嘘の世界〟そのものだった。

昭和三十二年北海道紋別市で生まれ、小学校教員の両親のもとで育った。高校を卒業後、東京藝術大学を受験するも失敗。フランスに渡りアカデミー・ジュリアン美術専門学校に入学し、パリで絵画やデザインを学ぶ。

帰国した小田嶋はデザイン関係の会社に入社したがすぐに退職している。その後、自ら靴の企画・製造会社を興したもののいずれも失敗した。株に手を出すも一億円以上の損失を出すという、成功者とは程遠い人生だった。

しかし、小田嶋はウソの経歴を周囲に語りだすようになる。

「僕はフランスの国立大を卒業しルノーでデザインの仕事をしていた」

「ジャンポール・ゴルチエの代理人だった」

「サザンオールスターズやイルカ、B'zなどの作詞作曲をゴーストライターとして手がけている」

「上智大学の教授をしている」

もちろん、全てウソだ。

小田嶋は仕事をしている実態がないのに何故か金回りだけはよく、葉山に豪邸を建て、妻には月百万円もの大金を渡して優雅な生活をさせていた。西村の行方がわからないことについては、「ＦＢＩの証人保護プログラムを真似て別人になって暮らしていると思います」などとしれっと答えている。

捜査二課の調べに対して、小田嶋は「先物や株で儲けた金がある」と答えていたが、調べても、株で一億円の損失を出しているという事実しか、警視庁は摑めなかった。

さらに重要な事項が二課の資料には記されていた。小田嶋は過去にも万世橋署で取調べを受けていたのだ。

一九九〇年、金融会社「新誠商事」社長の荒居修が、架空の株式上場話を持ち掛け出資者から四億五千万円を集め失踪するという事件があった。荒居はサントリー株が上場するというインサイダー情報を騙《かた》り、都内の会社社長から金を集めたという。

荒居は内縁の妻に封書を託していた。中には「自分に何かあったら小田嶋に聞いてほしい」と書いてあった。まさに、西村のケースとまったく同じ展開だ。

「野郎、同じ手口で金にしたな」

資料を反芻《はんすう》しながら大峯は呟いた。

だが、いま逮捕状が出ているのは、偽装誘拐や逃亡にあたり偽名を使っていたという「有印私文書偽造及び同行使」の罪についてだ。私文書偽造は微罪でしかない。勾留期間も十日あるかないかだろう。口から出まかせを言い、のらりくらりと話す小田嶋を「強盗殺人」で落とすには、時間が足りない。

大峯は突破口を模索した。

――なぜ偽装誘拐なんてしたんだ。

「(詐欺を)やってもいないのに、厳しく取調べられて嫌だった。事件に巻き込まれれば自分の言うことを信用してもらえるだろうと思い、誘拐されたように装った。指は都内のホテルで一人で切断した。ドライアイスで指を凍らせて神経を麻痺させ、出刃包丁をあてて上からハンマーで三回叩いて切断した。映画なんかによくある人質の指が送り付けられる場面を参考にしたが、まさかこんなに痛いとは思いませんでした」

偽装誘拐を認めながらも、ぬけぬけと言い訳を並べる。

――奥さんは知ってたのか。

「はい。私の指示通りに」

思わず絶句してしまった。夫婦ぐるみで警察を騙そうとしていたのだ。小田嶋の自宅には盗聴器が仕掛けられ、警察の動きは全て筒抜けになっていた。

――なんでそんなことをしたんだ。

「すべては詐欺事件の取調べから逃れたかったからですよ」

ここまではスラスラ話す。

――西村はどこにいる?

「彼が金を集めていたことも、持ち逃げしたことも僕は一切関係ありません」

――心当たりはないのか。

「知りません」

――最後に会ったのはいつだ?

「二月五日。小淵沢《こぶちざわ》の貸別荘まで彼を送っていきましたが、それ以降のことは知りません」

小田嶋は次のように説明した。

「西村に頼まれて小淵沢の貸別荘を借りた。二月五日に砧《きぬた》公園で落ち合い、私の車ホライゾンで小淵沢の別荘に向かった。西村は大きめのアタッシュケース二つとボストンバッグ一つを後部座席に積み込んだ。西村が誰かを騙して億単位の金を持って逃げようとしていることはすでに分かっていた。別荘に送り届けて、私は帰宅した。四月に島根県消印の絵葉書が送られてきた。『SEE YOU NEXT LIFE』と書いてあった。差出人はなかったが西村だと直感した」

SEE YOU NEXT LIFE——、つまり西村は自死したと小田嶋は言いたかったらしい。そんな馬鹿な話があるはずがない。死人に口なし、にする気か。大峯は小田嶋の狡猾な物言いにストレスを溜め始めていた。

そのなかで大峯は彼が乗っていたホライゾンに目をつけた。Nシステム（自動車ナンバー自動読み取り装置）にかけると、小田嶋がホライゾンで小渕沢に行ったことは確認できた。だが、少しずつ綻びが見え始めていた。小田嶋は自車のホライゾンに、盗んだナンバープレートを付けていたことが判明した。盗難ナンバーを付けた車で、西村を乗せて小淵沢までドライブしていたのだ。ますます怪しい。つまり小田嶋にはナンバープレートを盗んでまで身元を隠したい理由があった。

捜査本部は小田嶋の逮捕容疑を「窃盗罪」に切り替えた。窃盗罪なら二十日の勾留期間を取れる。勝負はこれからだ——。

十一月十六日、事態はいきなり動いた。北海道警旭川方面本部から一本の電話が入ったのだ。

「小田嶋からスーツケースを預かっていた女性が当方に任意提出してきました。中身は札束です！」

届け人は小田嶋の高校の同級生だった。西村が失踪してから四カ月後、小田嶋は同級生の元を訪ねスーツケースを預けていた。同級生はテレビ報道で小田嶋の逮捕を知り、届け出たのだという。

大峯は取調室に戻ると、厳しく問い詰めた。

――小田嶋！　旭川の高校時代の同級生が警察に届け出たぞ。おまえの頼んだスーツケースをな。

「………」

――金があったよ。二億八千万円もな。おまえ仕事もしてないのに、なんでこんな大金持っているんだよ。仕事もしてないくせに。

「黙秘します……」

――西村が顧客から集めたときのままの状態なんだよ。現金は。みんなビニールパックされていてな。なんでお前が西村の集めた金を持っているんだよ！

「……黙秘します」

小田嶋はどこまでもシラを切り通そうとする。

この二十日内で目の前の詐欺師を落とさなければいけない。取り逃がす訳にはいかなかった。

もう一つの取調室前では、二人の男の揉め事が起きていた。

市原と久保正行管理官が口論を繰り広げていたのだ。

「下川を抱っこしろ。甘い調べをするな！」

久保管理官が命令調で迫る。〝キツネ眼の男〟に似た風貌を持つ久保は、とにかく現場に対して強権的な態度で指示を出してくることで有名だった。しかも指示のほとんどは机上の空論であったり、感情論であることも多かった。捜査の邪魔でしかない、と彼を嫌う捜査員も少なくない。

「その必要はないですよ」

「共犯の可能性がある。逃げられたらどうするんだ！」

「それはないですよ！」

市原はムキになって反論していた。

愛人の下川は市原が引き続き取調べていた。解決を焦る久保管理官は何かと現場に口を出そうとする。管理官は捜査一課において、課長、理事官に次ぐナンバー3のポストだ。実質的な捜査責任者ともいえる。

市原は丁寧に下川との人間関係を築き上げていた。「抱っこしろ」とは、下川をホテルなどに住まわせ警察の監視下に置けという意味だ。ここで突然態度を変えるのは下川の信頼を損なう、決して得策ではないと市原は考えた。寺尾が仲裁に入り、「市原が大丈夫というなら自宅に帰そう」と取りなした。

市原の回想。

「刑事はみな寺尾さんを怖れていたけれど、その懐の深さに本当に助けられました。下川は律儀な娘で、毎日朝九時に取調べにきちんと来てくれました。ナンバープレートの窃盗を供述するなど、少しずつ重要な証言もし始めていた。いつからか私は彼女のことを、親しみを込めて『さっちゃん』と呼ぶようになっていました。彼女とは信頼関係ができたという感触がありましたし、その筋を通さないといけないという気持ちもあった」

刑事の情は徐々に愛人の心を開かせていった。ある日、下川は新しい重要な供述を始める。事件はここから急展開を見せることになった。

「市原さん！　私、違うことを思い出しました。小田嶋さんが、会社の社員と肝試《きも》しをするから下見に行くと言って、誰もいない山中に連れていかれました。白い布か何かで印をつけていました」

市原は飛び上がりそうになった。小田嶋は仕事をしていない。会社で肝試しなんて大ウソだ。

――さっちゃん！　その場所を思い出せるかい！

「うーん。行けばわかるかもしれない。そういえば小田嶋さんの小型リュックにロープとナイフが入っているのを見たこともあります」

——明日一緒に行こう！

「はあい」

下川はいつもの間延びした返事をした。本人はいたって真面目、不思議なペースを持った女性だった。

市原は彼女の証言に何かを感じ取っていた。

だが現場行きに反対をしたのは、またしても久保管理官だった。

「どうせ同じだよ。振り回されるだけだよ」

と、許可を出さない。これまで下川は捜査員と何度も現場検証を重ねている。だから新しい材料はもう出ない、もう無理だというのだ。

市原はどうしても承服できなかった。肚《はら》を据え、寺尾に直訴をすることにした。週一回、捜査本部に顔を出す寺尾を待ち構え、呼び止めた。

「一課長！　下川の様子がいつもと違います。この場所については慎重に話をするんです。私に『引き当たり』をさせてもらえませんか⁉」

引き当たりとは、つまり現場検証のことだ。

「そうか。やってみようじゃないか」

寺尾は即答した。

十一月二十一日、市原は東京地検の担当検事、現場鑑識の一個班と共に極秘裏に現場に向かった。

八ヶ岳の奥のほうへ捜査班を乗せたワンボックスカーを走らせる。車窓から流れる緑が徐々に深くなっていく。市原が振り返る。

「山中に入っていくほどどんどん下川の顔色は変わっていった。私は迷いました。もしかしたら久保管理官の言うように、下川は『共犯』ではないのか、という考えが頭を過ぎりました。しかし共犯なら、犯罪が露見するような行動は取らないはず。彼女は小田嶋のことが好きで、付き合っていた。でも西村が失踪し狂言誘拐まで手伝わされた。小田嶋は西村を殺して埋めたに違いない、と下川も覚悟を決めたんだと思いました」

「この辺です」

下川が指示した場所は、国有林の中にある獣道のような細い道だった。

市原と鑑識課員は車を飛び降り、斜面を進んだ。

落ち葉に覆われた地面に、わずかに土が盛り上がった場所があった。掘り返したようにも見えた。

鑑識課員は検土杖《けんどじょう》を取り出した。検土杖とは一五〇センチほどの筒状の道具で、尖った先端を地面に突き刺し土中のモノを採取できる。

「そーれ」

鑑識課員が検土杖を地面に突き刺した。腐敗臭がツンと鼻をついた。

「死体だっ！」

市原が短く叫んだ――。

大峯はこの日、市原と綿密に情報を交換しながら状況証拠で小田嶋を追い詰めようとしていた。しかし、小田嶋はどんな証拠を突きつけても、平気でウソの釈明をする。

旭川のスーツケースについても、こんな話を始める始末だ。

――おい、スーツケースの二億八千万円は西村が集めた金だろ。出資者がビニールパックに包んだ金を西村に渡したと言っているんだ。なんでお前が持っているんだ？

「二月五日、西村からマネーロンダリングを頼まれて実行しました。金を交換しました。おかしいとは思いましたが、頼まれたから」

――お前なぁ、よくもまぁ、次から次へとデタラメが言えたもんだな。

現金という物証が出てきても、ペラペラとウソをつく。根っからの性悪だな、と大峯は呆れ返った。捜査員から、市原が遺体を発見したことは聞いていた。一部新聞はすでに当日の夕刊で、「遺体発見」とスッパ抜いていた。

「よしこれを見せてやろう」

大峯は夜の取調べで勝負をかけることにした。

——おう小田嶋、年貢の納め時だな。

「どうしたんですか？」

——西村の遺体が出たじゃねぇか。新聞を見てみろ！

大峯は夕刊を突き付けた。小田嶋は絶句し、その顔色はみるみるうちに青ざめていった。

「………」

——何が小渕沢で別れただよ。遺体の首にはロープが巻き付いていた。フランスのペアール社製のロープだ。お前は二月二日に玉川高島屋でこのロープを買っているな。領収書もあるぞ！

「………」

——三日には下川のマンションでスタンガンと一緒にロープをリュックに詰めているな。そのロープが、お前が行った貸別荘からわずか五キロの地点から出てきた西村のホトケの首に巻き付いていた。お前が小渕沢に行って西村を殺すのに使ったんだろ！

「………」

——お前は、一月二十九日の行動でもウソをついたな。愛人と別荘に行って、まっすぐ帰ったと。八ヶ岳に行って、林道に目印をつけただろ。そこからホトケが出てきたんだよ。下川が話をしたぞ。お前、もう話せよ。どこで西村を殺したんだ？

「………」

——マネーロンダリングの話だってデタラメだ。お前は西村と交換する現金を持っていない。先物と株投資で儲けたなんてウソだ。あるのは一億を超える損失じゃねぇか。銀行に三千万円以上の借金もある。なんで仕事も満足にしていないお前が大金を持ってるんだよ。旭川に預けた二億八千万円、あれは西村を殺して奪った金だ！

「ちょっと待ってください。今は言えません。明日、話します」

小田嶋をとうとう追い詰めた。ウソもつけなくなったのだ。だが、今晩落とさないと、また飲み込んでしまう可能性が高い。大峯が畳みかける。

——だめだ、今日話せ。

「信じてください。明日話します」

——じゃあ、上申書を一筆書け。西村を殺した件は明日話しますと。

「私が全て話したら、紙は破ってくれますか？」

——わかった。破るよ。

小田嶋は一筆を書き、日付、時間と署名捺印した。

翌日、小田嶋は地検の聴取の後、弁護士とも会い、取調室にやってきた。

——おう、約束通り話せよ。

「自分が西村を殺して、お金を奪いました」

どうやら弁護士と接見した時に、小田嶋は殺人について刑事に供述する約束をしたことは、伝えなかったようだ。

――どこで殺したんだ。

「車の中です。二月五日夜、小渕沢の国道に車を停めて。西村がスタンガンを出してきたので、私は応戦する形でロープを使って首を絞めて殺しました。山中に土を掘って、死体を埋めました。

死体を埋めた場所は、先の一月二十九日に下川幸子さんと見に来た場所です。小枝にコンビニの袋で目印をつけておきました。西村さんを殺害したあと、その場所まで死体を運び車のライトを頼りに埋める作業をしました」

とうとう自白した。

「昨日書いた上申書を破ってもらえますか？」

小田嶋は昨夜の言葉を覚えていた。

大峯は「いいだろう」と返して、上申書を目の前で破り捨てた。だが彼も百戦錬磨の刑事である。破り捨てた上申書はコピーしたものだった。現物は別に保管してある。

大峯は小田嶋にコロシの話をさせ、遺体を遺棄した場所の地図を書かせた。供述には正当防衛を主張するなど気になる部分もあったがコロシは認めた。小田嶋の供述をもとに供述調書を作成し署名、捺印させた。

裏付け捜査を行い十二月六日には、ついに再逮捕まで持ち込んだ。

〈元証券マン殺害・4億強奪で　小田島容疑者再逮捕
　長野県富士見町の国有林内で、巨額詐欺事件で指名手配中の元証券会社員西村秀（まさる）容疑者（当時三十三歳）の絞殺死体が発見された事件で、警視庁捜査一課と渋谷署の特捜本部は六日、神奈川県葉山町のデザイナー小田島透容疑者（三九）が西村容疑者を殺害後、約四億二千万円を奪ったとして、強盗殺人と死体遺棄の疑いで再逮捕した。同本部では、一九九〇年十一月、洋酒メーカーの未公開株詐欺事件で、指名手配中の経営コンサルタント荒居修容疑者（三六）が失跡した事件についても追及する〉（一九九六年十二月六日付「読売新聞」夕刊）

　だが、これで終わらなかった。

　捜査本部のなかでは新しい騒動が勃発していた。それは「遺体の発見場所を知っていた下川は、実は小田嶋と共犯なんじゃないか」というものである。

　捜査会議で久保管理官が市原を問い詰め始めたのだ。

「供述の状況からみて下川は小田嶋の殺人死体遺棄を承知していたんじゃないか。共犯性も検討されてしかるべきだが、どうなんだ？」

　また同じ話かよ。市原はいささか辟易《へきえき》としながら反論した。

「その可能性は低いですね。下川は知らないことは知らないと明確に言い、知っていることとは現段階まで隠さずに供述しているように思われます。何かを隠しているという感触はありません」

「それほど供述が信用できるのか？」

「結果としてホトケを発見できました」

「だから共犯じゃないかと言っているだろう！」

久保が怒声をあげた。

多くの捜査員は「始まったよ」と囁きあった。久保は理屈っぽい性格で、ことあるごとに部下を会議でつるし上げる。その一方で上役には媚《こ》びるため、陰では刑事たちから「腰巾着」とあだ名をつけられ嘲笑されていた。

「なんで下川を落とせないんだ。調べが甘いんじゃないか！」

「甘い」という久保の言葉に、市原がキレた。

「そういうけどね、管理官！　もし共犯だったら、なぜ下川はこれほど捜査に協力するんですか。彼女は善悪の区別はついていますよ。もし自分が共犯だという認識があったら、取調べのなかで表情に出ますよ。それぐらいはわかってますよ、私も！」

市原の気迫に押され、久保は口を噤《つぐ》むしかなかった。

さらに厄介なことも起きた。小田嶋が自白後、否認に転じたのだ。

「自白は刑事に無理やり強要されたものだ」と主張し始めた。弁護士と相談し、法廷で勝負する作戦に出ようと考えたようだった。だが上申書と供述調書、西村の遺体と数々の物証、そして下川の証言が小田嶋の犯行を雄弁に物語っていた。

十二月二十七日に小田嶋は〈強盗殺人、死体遺棄〉の罪で追起訴された。

捜査一課では起訴祝いをすることが通例だ。立食で軽くビールを飲んで、捜査員の労を労うのだ。大峯は課長の寺尾と話し込んでいた。

――課長、荒居の件はどうしましょうか。荒居まで殺したとなれば奴は死刑です。

大峯には心残りがあった。西村殺しの前に起きていた事件の解明である。一九九〇年、金融会社「新誠商事」社長の荒居修が、架空の株式上場話を持ち掛け出資者から四億五千万円を集めたまま失踪した事件のことである。「自分に何かあったら小田嶋に聞いてほしい」と手紙を残したまま失踪した荒居の件を、解明したい気持ちに駆られていた。

だが、寺尾の判断は違った。

「小田嶋は荒居のことまでは吐かないだろう。弁護士にも二件やったら確実に死刑になると言われているはずだ。大峯はここで捜査から外れろ。ごくろうさん」

――わ、わかりました！

少し戸惑った。小田嶋をトコトン調べあげたい気持ちがあったからだ。大峯はこう振り返る。

「寺尾さんは徳川家康みたいな人で読みが深い上司だった。事件の推移を予想することや捜査員の能力を把握することに長けていた。ここで荒居の事件に拘って、西村の事件を潰してしまっては元も子もないと考えたのだ、と私は理解した。さらに、当件は山岸班が基立ち（捜査の主体）であり、自分は応援人員として捜査本部に呼ばれたという経緯もある。お役御免ということなのだろう。寺尾一課長がそう指示するのだから、命令に背く訳にはいかなかった」

大峯は翌日の捜査会議で、一課長から下命を受け別の捜査に転じることになったことを報告した。

また、久保管理官が口を挟んできた。

「なんだ大峯、逃げるのか？」

――いや、課長命令だから仕方ないでしょう。

「なんで、最後までやらねぇんだ」

しつこく絡んでくる。

「大峯！　久保のことが嫌なんだろ。そう言ってやれよ！」

向かいの席に座っていた市原がヤジを飛ばした。口うるさい久保に辟易していた捜査員たちがクスクス笑った。久保はバツの悪そうな顔をして席に戻っていった。大峯は市原に目配せすると、捜査本部を後にした。

小田嶋は証言を翻しただけではなく、自分の供述は、「大峯に強制的に自供させられたもの。暴行も受けた」という主張を法廷で繰り広げた。その主張を受け大峯は裁判所に召喚され、取調べの正当性について繰り返し弁明する羽目になった。もちろん、強制的に自供させたり、暴行したという事実は認められていない。

愛人の下川も証人として何度も法廷に召喚された。彼女は市原の取調べで語った言葉を、そのまま裁判でも証言した。

「小田嶋さんのことを話すときは辛い気持ちがあったのは事実です。でも本当のことを話すのが小田嶋さんにとっても一番いいことではないか、と刑事さんと話して思うようになりました。早く罪を償ってほしいと思います」

下川の言葉を法廷で聞いて市原は涙を浮かべていた。自分の眼は間違っていなかった──。揺るぎない彼女の証言が、裁判では有罪の大きな要因の一つとなった。

下川は市原に、「小田嶋さんの優しいところが好きでした」と言ったという。しかし小田嶋のウソを知るうちに彼女の中で〝何か〟が壊れていったのだろう。市原の丁寧な仕事がそれを引き出した。

小田嶋は裁判中も一貫して無実を訴えたが、〇六年に最高裁で無期懲役が確定した。

警視庁は西村殺害で有罪を勝ち取ったものの、荒居の事件は迷宮入りした。悔しい気持ちは残る。犯した罪を全て償わせたかったが、大峯たちが捜査を開始したときには、あまりにも時間が経ち過ぎていた。
小田嶋は大峯にとって最もやっかいな殺人犯の一人であった。小田嶋は車の中で西村を殺したと供述したが、ルミノール反応（血液反応）は出なかった。恐らくは別荘で殺害したはずだと大峯は睨んでいる。これほど狡猾で凶悪な男はいない。「あいつこそ真のワルだよ」と、大峯は今も語る。一〇〇％の解決ではなかったが刑事として最大限の努力はした。

♪誇りは高しわれらは刑事（「刑事」篠田武雄作詞・古賀政男作曲）
と唄ったのは誰だったか――。
新橋で夢を語り合った若き日から二十年あまり。大峯は再び市原と一献を傾けたい気持ちにかられていた。

第七章

遺体

阿佐ヶ谷女性殺人死体遺棄事件・檜原村老女殺人事件 1997 & 1998

人を殺めてしまった二人の女性。それぞれの人生ドラマ。

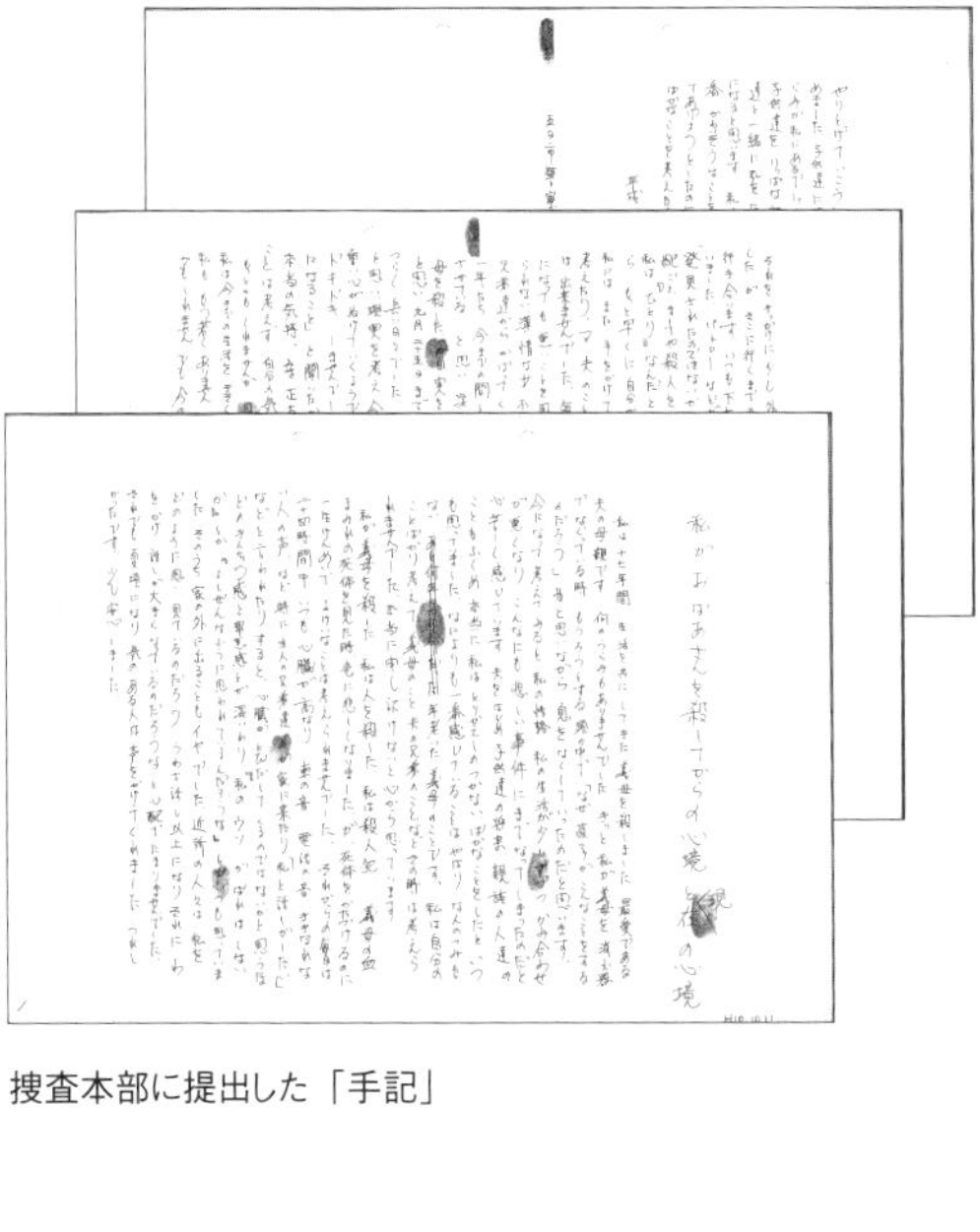

捜査本部に提出した「手記」

伝統ある警視庁捜査一課でもとりわけ異彩を放っていた係があった。

大峯率いる殺人犯捜査二係、通称・大峯班である。一九九三年に殺人班捜査二係を大峯は係長として率いる立場になっていた。警視庁捜査一課で事件解決数を競う「トップ賞」の常連であり、その捜査能力は抜群だった。大峯班はまさに、〝殺し〟捜査の最強部隊だといえた。

指揮官である大峯が、抜群の筋読み力や卓越した取調べ術を持っていることは言うまでもない。さらに部下となった刑事たちも、大峯がこれはと目をつけて呼び寄せた精鋭ばかりだった。番頭格であるデスクの金田哲夫主任は、特殊班の刑事として医療過誤や日比谷線脱線事故の捜査を担当していた。その緻密な捜査ぶりを買われて「特殊班じゃもったいない。殺しで使いたい」と、大峯にスカウトされた男だった。年齢は大峯より三つ上、その巨軀《きょく》同様に懐が深く、捜査員にとっては心強いアニキ的な存在だった。

〝部屋長〟は菅原良治部長刑事だ。すでに紹介したように、部屋長は捜査一課独特の非公式の肩書きで、刑事のリーダー的役割を担う。班で一番のキャリアを持つ刑事が捜査一課長によって指名された。菅原は主に凶悪犯罪を扱う強行犯係としてキャリアを積んできた。取調べが上手く捜査も堅実。敏腕だが性格的にはおっとりとしており、クセの強い人間揃いの刑事の中に菅原がいると場が一気に和んだ。

捜査員も個性派ばかりだ。影山裕高主任は四課担当刑事、通称マル暴で鳴らした猛者だった。暴力団への情報ルートは広く、かつ密だった。難事件のときこそ彼の裏情報ルートが物をいうと考えて、大峯が呼び寄せた刑事だった。佐野輝部長刑事もまた四課刑事として鳴らした男だ。彼も大峯のスカウトにより警視庁捜査一課に引き上げられている。小柄でガッシリした体格の佐野は、その見た目通り無骨で押しの強い捜査手法で知られていた。

みな一癖ある強者《つわもの》たちを、大峯は独特の操舵術で束ねていた。組織捜査を是とする警察のアイデンティティを無視するかのように自由放任なのだ。大峯は捜査において細かい指示は出さず基本的には部下に一任してしまう。

殺人班捜査二係に配属された当初、佐野は大峯のことを、「いい加減なオヤジだな」と思っていたという。佐野が語る。

「大峯係長が所轄にある捜査本部に顔を出すのは朝だけで、会議を終えるとさっさと姿を消してしまう。取調べすら所轄でやりたがらなかったのです。すぐに容疑者を霞が関の警視庁本部庁舎に連れて行ってしまう。捜査本部にほとんどいないので、私たち部下からすれば、『係長はいつも何をしているんだ？』と不思議に思っていました」

当時、警視庁捜査一課の通例では捜査本部が設置されると、係長以下の捜査員は連日のように、捜査本部に泊まり込み勤務となることが当然とされていた。昼は捜査で走り回り、夜は若手刑事が作った夕食を取る。そして夜半過ぎまで班員たちで飲み明かす。昔ながらの体育会系の合宿のような毎日のなかで疲弊する捜査員も多かった。

「大峯班は毎日酒を飲むこともないんです。そもそも大峯係長がすぐ自宅に帰ってしまう。だから部下たちも『自宅に帰るか』となる。私が捜査一課の他班にいたときは、何週間も捜査本部に泊まり込み、毎日酒飲むのが当たり前だった。でも、毎日酒を飲んでいたら次の日の午前中は仕事にならないんですわ」（佐野）

強面刑事として知られていた大峯だが、係長としては意外にも上下関係に拘らないスタイルで部下たちを統率していた。捜査本部で飲み会を開かなかったから」だという。大峯曰《いわ》く「税金である捜査費を使って警察官が酒を飲むことを良しとしなかったから」だという。捜査本部に長居をしないのも、「無駄な会議ばかりしても意味がないでしょ。捜査員をむやみに管理したくなかった。刑事の個性は仕事で出してもらえばいい」というポリシーを大峯が持っていたからだ。

大峯自身が自由に動き回る刑事だったがゆえに、刑事の個性が捜査の大きな強みとなると理解していたのだろう。腕利きの刑事たちに「自由」を与えれば、彼らは自然と「責任」を感じ、結果を出すべく捜査に勤《いそ》しむのだ。その捜査スタイルは、合理性を重視したものだったといえるかもしれない。

†

「まったく知りません」

取調室のなかは淀んだ空気に支配されていた。大峯の前に座る村田裕子（仮名）は顔色一つ変えずに答える。

――裕子さんよ。松岡の行方を本当に知らないのか？　もう、わかっているんだぞ。

「なんのことでしょう。知らないですね」

裕子がキッとこちらを睨み返す。取調室には大峯、デスクの金田哲夫、他一名のベテラン捜査員が詰めていた。三人で交互に取調べを行うものの、裕子は頑として認めない。

――お前さん、殺したんじゃないのか。一年も本人が出てこないなんておかしいじゃないか。

「私にはわかりません」

「阿佐ヶ谷の麻雀店店員の行方不明事件」の取調べは連日続いていた。大峯の得意とする揺さぶりにも村田は動じる様子がなかった。雑談にも一向に乗ってこない。何を聞いても頑として認めない、勝気で手強い女だった――。

一九九五(平成七)年十二月、松岡里美さん(仮名)という資産家女性(当時五十三歳)が行方不明になっていた。松岡さんは麻雀店「北さん」の店長で、この「北さん」を経営していたのが村田裕子だった。

翌年一月に松岡さんの姉から家出人届が出された。届を受けた杉並署が聴取したところ、「松岡里美は未亡人で一軒家に一人暮らしをしていた。これと言って失踪する理由が見当たらない」ということだった。

警視庁はこの失踪を「事件性」ありと考えた。失踪から一年半以上が過ぎた九七年八月、殺人犯捜査二係(大峯班)に解明捜査が下命される。松岡さんの交友関係を洗っていくなかで浮上したのが、村田裕子(当時四十八歳)だった。大峯は裕子を重要参考人と考え、十月ごろから連日のように任意で呼んで取調べを続けていた。

麻雀店「北さん」はそもそも、裕子が夫・村田隆(仮名)のために開業した店だった。隆はいわゆる〝ヒモ亭主〟だ。裕子は北海道から上京した後、一九七七年ごろからソープランドで働いていた。彼女が四十代まで風俗店勤務を続ける一方で、隆は三十代から定職につかず妻の収入で生活するようになっていた。無職の夫のために裕子は二百万円を投じてスナックを開業するが、隆は酒を飲むばかりで経営はできなかった。九〇年に店を改装し、新しく開店したのが麻雀店「北さん」だ。酒も麻雀も夫の趣味を慮った業態だった。

隆の素行の悪さは捜査でも明らかになった。裕子について、刑事がスナックで隆の取調べを行ったところ、隆は「酒を飲んでいいですか」と言い出した。刑事が渋々許可すると酒をガブガブ飲み始め、挙句は調書記入で視線を外した刑事に向かい、包丁を投げ始めたのだ。酒乱にしても度が過ぎた。

松岡里美さんは「北さん」の常連客だったが、やがて裕子から店番を任されるなど夫婦ぐるみで親交を深めていた。

裕子がホンボシ（犯人）ではないか、と見られるようになったのは、彼女が里美さんの預貯金を引き出そうとしていたからだった。九六年一月、都銀阿佐ヶ谷支店の防犯カメラに、二回にわたって里美さんの口座から現金二百万円を引き出す裕子の姿が映っていた。さらに裕子が、里美さんの定期預金を解約しようとして失敗していたことも同時に判明した。

「裕子が自宅にいません！　逃亡した模様です！」

取調べが十日目に差し掛かろうとしたところ、彼女を迎えに行った捜査員から慌てて緊急入電があった。

裕子が逃げた……。

「厄介なことになった」と大峯は思った。重要参考人が逃亡したということはホンボシで間違いないのだろう。しかし里美さんは依然行方不明の状態だ。もし殺されていたとしても、死体がなければ捜査令状は取れないし、指名手配もできない。事件は暗礁に乗り上げたかに見えた。

――寒風が吹きつける一九九七年の師走。殺人犯捜査二係に所属する佐野輝は、やや緊張した面持ちでデスクと電話で相談していた。佐野の背後で、応援部員として捜査本部に来ていた中野署の刑事が所在なさそうに立っている。

目の前には鼠色の小さな鉄屑工場が見える。

「捜査は進んでいるか」

電話口の向こうにいるのは大峯班デスクの金田哲夫だ。

佐野はある男の行方を追っていた。区役所で住所は確認済みだ。あとは当てるタイミングだがこれが難しい。一発勝負に出て、逃げられたら元も子もない。慎重なデスクであれば、「まず数日間、男の行動確認を行え」という指示が出ることもありうるケースだ。

「男のヤサを確認しました。直当たりをするか、近所の聞き込みをするのか検討しているところです」

佐野は率直に報告した。

「よし直当たりしようか。頼んだぞ！」

金田の指示はＧＯだった。

電話を切った佐野は、「やっぱ、大峯班は話が早えや」と独りごちると、玄関先に立ちチャイムを鳴らした。

「どちら？」

ターゲットの男・吉田聡（仮名）がひょっこり顔を覗かせた。

吉田は裕子の情夫だった。

男の人生とは魔訶《まか》不思議なものだ。吉田は見合い結婚をして一児を授かったものの、その後、夫婦仲が破綻していた。親から「世間体が悪いから離婚はするな」と言われ、家庭内別居を何十年も続けていた。そうしたなかでソープランドの客として裕子と出会い、それ以来二十年近くも彼女に入れ込んでいた。吉田は父親から受け継いだ鉄屑工場を経営していたが、時にはその売上げをネコババして裕子にのべ何千万円もの金を貢いできたようだ。

佐野は事件の概要を伝え、雑談を始めた。

――裕子とはどのような関係なのよ。

「………」

さすがに吉田の口は重い。彼も妻子ある身、この手の話題は口にしづらいだろう。

だがこの時幸いしたのは、家の中が静まり返っていたことだった。吉田の父親が旅行に出ており、妻も外出中、娘は受験勉強で自室に引き籠っていた。つまり吉田は家族に気兼ねなく、裕子との関係について話せる状況に偶然にもなっていたのだ。佐野の粘りに吉田も徐々に心を開き始めた。

——裕子から何か依頼されたことはないのか？

「裕子の引っ越しを手伝ったことがあります」

——他には何か手伝いをしたことはなかったか。

「その従業員は、どのくらい前にいなくなったんですか？」

吉田がふいに質問を返してきた。

——一年以上にはなるな。

「それだったら関係ないと思いますけど、三カ月くらい前かな、『聡《さと》ちゃん（吉田の呼名）、犬が死んだから犬の死体を運んでもらえないか』と相談され、手伝ったことがあります」

一瞬、空気が凍り付いた。

「ちょっと待ってろ！」

佐野は脱兎《だっと》のごとく家を飛び出した。（運んだのは犬じゃない、松岡の遺体だ！）と直感したのだ。中野署の刑事はポカンと立ち尽くしたままだ。

「金田さん！　吉田が犬の死体を運んだと言っています！」

佐野は電話口で小さく叫んだ。

「わかった、係長（大峯）に連絡する。そこで待ってくれ」

金田は声色一つ変えず短く答えた。佐野の報告が重大事項であることは、深く話さずとも金田は理解していた。デスクが情報について根掘り葉掘り聞かないのは、捜査本部内といえども保秘を徹底する刑事の習性といえよう。「連絡する」ということは、大峯はいつものように捜査本部にいないということだった。


およそ一時間後、一台の車がタイヤを鳴らしながら鉄屑工場の前に横付けされた。捜査車両の中には金田デスク、そして大峯の姿があった。

「よし佐野、現場に行こうか」

大峯が助手席から声をかけた。事態が急を要すれば何はなくとも現場に急行する。その勘の鋭さこそが大峯の特質であり、凄腕刑事たらしめている理由だった。いくら捜査本部にいなくても〝昼行灯《ひるあんどん》〟などと揶揄を受けることもない。

「犬の死体はプラスチック製の衣装ケースに入っていて、もの凄い腐臭でした」

吉田はこう証言した。

裕子と吉田は、犬の死体を富士山の樹海に捨てたという。

捜査車両の運転手は金田、助手席に大峯、佐野は後部座席で吉田の事情聴取を始めていた。西湖北西の湖畔から富士山樹海内へと捜査車両は進路を取っていた。樹海は人気のない自殺の名所として知られている。もみの木がうっそうと茂る日中でもうす暗い場所だ。

「ここです！」

山林内の廃道を進むと、吉田は目印となる石を指さした。

四人は車を降り、森の中のくぼ地のような場所に辿り着いた。埋め返した跡のようなところを佐野が掘ると、布に包まれた物体が出てきた。ゆっくりと布をめくった中からは黒ずんだ骨が出てきた。大腿骨《だいたいこつ》だった。

「遺体だ――」

佐野はゴクリと唾をのんだ。

遺体発見の一報は新聞でも大々的に報じられた。五日後の十二月二十一日、北海道警小樽署に一本の一一〇番通報が入った。

「東京で人を殺した。娘とこれから死にたい……」

小樽署員が急行したところ、電話をしてきたのが村田裕子だと判明した。裕子は〈指名手配〉を告げる報道を見て逃げ切れないと考えたようだった。

小樽署から警視庁に送られてきた裕子と大峯は取調室で再会した。

――もう観念しただろう。

大峯は静かに語りかけた。

「申し訳ありませんでした」

取調室の椅子にちょこんと座り、うなだれた様子の裕子からは、すっかりかつての毒気が抜けていた。

捜査員の前から忽然と姿を消したあと、彼女は川崎や北海道のソープランドで働き、資金を稼ぎながら逃亡生活を送っていたという。中年女性のなりふり構わぬ逃避行である。

裕子はなぜ、それまでの人生を台無しにするようなリスクを冒して、人を殺めたのだろうか。


「あんたたちどういう関係なのよ！」

事件が起きた一九九五年十二月三日午前零時、麻雀店「北さん」で裕子は里美さんを問い詰めていた。裕子の夫・村田隆と松岡里美さんはデキていたのだ。逆に里美さんから激しく喰ってかかられ、逆上した裕子は里美さんが首に巻いていたスカーフを使い、彼女の首を絞め殺害してしまった。

「里美によって家庭を壊されるという危機感がありました」

裕子は殺害の動機についてこう供述した。

死体処理に困った裕子は、まず愛人の吉田に電話をかけた。

「死んだ犬をどこかに棄てたいので運んでくれない？」

だが吉田は、「年末で忙しい」と、一度は依頼を断っている。

裕子は遺体を麻雀店の二階に運び、包丁、ノコギリ、まな板を使って、頭と胴体、両手首両足首を切断し解体した。頭と胴体部分はレジャーシートや布団カバーで梱包し、キャリーバッグに詰めて長女宅に隠した。手首足首は新聞紙で幾重にも包み、裕子が以前勤務していた堀ノ内のソープランド街近くのゴミ捨て場に遺棄したという。ソープランド街のゴミは感染症など衛生面の不安もあり、中身を検《あらた》められることが極めて少ないことを熟知した上での行動だった。

ところが長女宅に隠したキャリーバッグが腐臭を放つようになり、裕子は改めて吉田に運搬を依頼することにした。

吉田は運搬と穴を掘るところまでは手伝ったものの、「犬の死体」だと信じ込んでいたという。遺体を埋める作業は裕子だけが行っており、吉田は車の中で待っていた。取調べの結果、吉田は殺人や遺体遺棄には関与していないと判断された。

「松岡が夫と不倫をしたのが許せなかった」

裕子はこう供述した。

衝動的な犯行後、彼女は里美さんの遺体をバラバラに解体しただけではなく、彼女の自宅に忍び込み預金通帳などを持ち出した。命を奪い金銭まで取ろうとしたのは、裕子が夫のために費やした時間への執着と、夫を奪おうとした女への復讐心だった。

「麻雀店を任せた里美の不実と裏切りに対する対価を得ようとした」

裕子はそう供述した。犯行は〝ヒモ亭主〟の不倫から始まった。自分にも情夫がいるのに、それでも夫の不貞を裕子は許すことができなかった。大峯は〝情念〟という魔物の恐ろしさを、まざまざと見せつけられた思いだった——。

†

「バアさんが一年以上も姿を消しているのか……」

大峯は腕組みしたまま唸《うな》った。阿佐ヶ谷女性殺人死体遺棄事件を解決してからまだ一年も経っていない。再び行方不明事件である。

「五日市署は殺されているんじゃないかと見ているみたいですね」

殺人犯捜査二係・通称大峯班のデスクである浦東寛美主任も思案顔だ。まだ疑惑段階でしかない。短期間に死体なき殺人事件がこうも連続して起こるものなのか。

一年前の一九九七年四月、東京都の、本州で唯一の「村」である檜原《ひのはら》村、この関東山地に位置する静かな集落で奇妙な出来事が起きていた。

その日、バス通り沿いにある住宅から黒煙がもうもうと立ち上がっていた。少し寂し気な風情が漂う屋敷で、周辺住民はいつもの野焼きだろうと気にも留めなかったという。大工をしていた浜中家（仮名）の長男が、仕事で出た廃材などを燃やすことがよくあったからだ。

焼却は数日にわたり続いた。炎が舞い上がり、木材やオガ屑が燃えるような音がパチパチと鳴った。煙の中にはわずかだが異臭が混じっていた――。


毎年九月、警視庁は「行方不明者捜索強調月間」として浅草寺に受付のテントを開設し、行方不明者や身元不明者の届け出を募る。同時に鑑識課では、身元不明者と変死体の指紋を照合するなどの作業を行い、行方不明者の再捜査を重点的に行うのだ。

一九九八年九月、「行方不明者捜索強調月間」のなか、五日市署に浜中家の親族から相談が寄せられた。

「祖母のサチコ（仮名）がもう一年近く行方不明になっているが、行方不明になる理由がなく納得ができない」

この相談に事件性ありと判断した五日市署は、警視庁捜査一課に相談を持ち掛けた。捜査一課長は事件番として待機していた殺人犯捜査二係・大峯班に、浜中サチコさん失踪についての捜査を命じた。

事件の概要は次のようなものだ。

一九九七年四月、五日市署管内、檜原村に所在する一戸建て住宅で三男・浜中克己、良子夫婦（共に仮名）と同居していた八十三歳の浜中サチコさんが所在不明となった。同月二十三日、三男夫婦から母親の捜索願が出されていた。それから一年あまりサチコさんの行方は杳として知れなかった。

浜中家の親族たちはある疑念を持っていた。

三男の妻・良子が怪しいと――。

良子は「義母が朝出かけて郵便局に行ったきり帰ってこない」と語っていたが、その言葉にはいくつか不審な点があった。まず、サチコさんがその日に郵便局を訪れた様子はなかった。さらに親族などの証言によれば、良子が過去に義母の郵便貯金を使い込んだことがあることもわかった。ますます怪しんだ親族たちは、サチコさんを屋敷の床下に埋めたのではないかと徹底捜索をしたこともあったが、遺体は出てこなかったという。

九月二十五日、捜査本部は浜中良子を朝五時四十五分から任意同行で呼び出し、事情聴取を行うことにした。

取調べ官は大峯班デスクの浦東が務めた。阿佐ヶ谷女性殺人死体遺棄事件でデスクを務めた金田はその後異動となり、浦東が大峯班の後任デスクとなっていた。

浦東は交通畑の出身で、勤勉で真面目なタイプの男だった。粘り強い取調べと知能犯捜査には定評があった。大峯がオウム真理教事件で土谷正実の取調べを行うときに同席させていた腹心の一人でもある。

取調室から出てきた浦東は困り顔だった。大峯が声をかける。

——良子はどんな様子だ？

「一向に認めようとはしないですね。『私には思うところがあり、自分の心の中で思うことを主人にも話さなかった。そのことを一人で背負ってきた』と思わせぶりなことを言うのですが、どういうことだと追及しても、『お婆さんは家を出て、姉さんの所に行ったと思った。その後のことはよく知らない』と頑なに否定します。なかなか手ごわいです」

浦東は二時間あまり粘り強く追及を続けたものの、良子は証言のブレこそ見せるが、犯行については一向に認めようとしなかった。

——よし、わかった。調べ官を替えてみるか。

午前七時、大峯は取調べ官交替を決断する。任意同行の段階で取調べが長引き連日になってしまうと、被疑者が逃亡したり自殺してしまう可能性が高まる。改めて良子の矛盾をつくには人間を替えたほうがいいだろうと、早期決着のためにも自ら乗り出すことにしたのだ。

浦東に代わり大峯が取調室に入った。大峯は他の捜査員を排して、良子と一対一で向き合った。

そしてその眼をじっと見つめた。

良子は四人の子を持つ普通の主婦という雰囲気だった。おとなしくて地味な女性である。苦労をしたのだろう、全身からは生活感が滲み出ていた。警察署の中にいることは彼女にとって相当な心理的なプレッシャーがかかっているはずだ。両手を膝のうえに置き、ショートヘアの頭をうなだれたままでいる。

——あなたの話は辻褄が合わない。自分でもわかってるだろう。

大峯は諭すように語りかけた。凶悪犯を「お前!」と一喝する、いつもの彼のキャラクターとは違う。彼女の心の揺れを、気持ちに寄り添いながら解き明かそうという手法を大峯は選択していた。

「そうですね……」

良子が小さな声で答えた。

——あなたは周りの人に嘘の話をして、それで押し通そうとしているよな。嘘を本当の話と思い込んで話してはダメだよ。よく考えてごらん。

良子はうなだれたままだ。

——やった事は仕方がないんだよ。子供のことや生活のことを考えれば、自分できちんと整理しなければいけないぞ。隠したまま生きていくことはできないだろう。

良子の目に涙が浮かんでいるように見えた。大峯は、(彼女には何か心配事があって話せないのだろう)と直感した。

――もしかしたら、いちばん下の子供さんのことを気にしているのかい。心配なのか？

小さく頷いた。

大峯はこの時、良子が義母を殺したのだと確信したという。

――子供さんはあなたが刑務所に入っても、亭主や親族が面倒を見てくれるだろう。警察も面倒を見る。だから心配せず、話してみたらどうだい……。

大峯が取調室に入って一時間あまりの時間が過ぎようとしていた。

良子は声を上げて泣き始めた。

「子供が学校でどう思われるかと思うと、怖くて怖くて話せませんでした……。娘の大学の学費もあるし……、主人にも合わせる顔がない……」

涙が膝の上に零《こぼ》れた。

「私がお婆さんを殺しました」

良子がとうとう自供を始めた。

「四月十七日――。お婆さんが郵便局に出かけると聞いて私は動揺しました。郵便局に行かれてしまうと、私が勝手に引き出した百二十五万円のことがわかってしまう。玄関先の上がり框《がまち》に座りお婆さんが靴を履こうとしていました。この時間、子供は学校に行き主人も出かけており、家には誰もいませんでした。

私は台所にあった家庭用の消火器を持ってきて、後ろから思いっきり頭を殴りつけました。

『痛てぇぇぇーー』

お婆さんは絶叫して倒れました。その後も十回以上、消火器で殴ったら動かなくなったので死んだと思いました……」

殺人の動機は義母・サチコさんの郵便貯金をネコババしたことの発覚を恐れたためだった。夫の収入に加え、良子もテレホンクラブの受付などでパート収入を得ていたが、生活費はいつも不足していたという。長女は大学生、次女は高校生、三女は中学生であり、末っ子の長男はまだ小学生。それぞれの学費や生活費で、家計は火の車だったようだ。

平静を取り戻した良子は、こう供述を続けた。

「生活費のために月三十万は必要でした。夫は大工をしているので収入が多いときもあれば、ないときもあります。夫の仕事の折り合いが悪くなってきたことで生活が苦しくなり、サラ金にお金を借りるようになりました。私は前から義母の郵便貯金通帳を盗み見ていました。当時、私は生活資金や借金返済で現金をほとんど使い果たしてしまい、お金がないと夫に怒られるので、義母の郵便貯金百二十五万円を無断で引き下ろしたのです。それというのも義母は年に一回、しかも四月頃にしか貯金を下ろさないので、それまでに穴埋めしておけばいいと考えたのです」

良子が他に浪費しているなどの素行を確認できなかったこともあり、主婦が生活費に困った末に行った犯行だと断定するに至った。

九月二十五日、良子の自供により、五日市署に「檜原村老女（義母）殺人・死体損壊並びに遺棄事件」の捜査本部が設置された。殺人犯捜査二係・大峯班と五日市署の刑事を中心に四十人あまりの特捜部隊が編成された。

捜査員は「地取り班」、「鑑取り班」、「特命班」、「証拠班」、「科学資料班」に分けられる。地取り班は、犯行現場周辺をエリア分けして聞き込み捜査を行う班。鑑取り班は被害者の親、兄弟、親族から動機につながるような背景があるかを捜査する班。特命班は捜査本部に届いた情報について捜査する班。証拠班は証拠品の管理を行い、科学資料班は科捜研と連携しながら科学的捜査を行う班となる。

良子は義母を殺害後、その遺体を処分していた。彼女はこう供述したのだ。

〈四月十九日、（屋敷内の空き地に）波板トタンを敷いたうえに遺体を置き、材木やぬいぐるみ等と一緒に灯油をかけて焼いた。お婆さんの遺体は、翌日までくすぶらせながら燃やしました。焼いて残った灰と骨はゴミ収集日にゴミとして出したり、川に投げ捨てたりしました。大きな骨だけはどうすればいいかわからず暫《しばら》く持っていましたが、結局、普通のゴミとしてごみ収集日に出した〉

衝動的な犯行であっても、人は保身のためにここまで残忍な行動を取るものなのか。供述を聞いて大峯と浦東は、「あの良子でも、ここまでするのか」とお互い顔を見合わせた。

良子は自供したものの、捜査員は檜原村の〝村社会〟の中で苦戦をしていた。檜原村は当時、信号が一つしかないようなところで、捜査員が一件聞き込みをしただけで、その情報が村中に回るような雰囲気だった。いくら聞き込みを行っても、良子の犯行を裏付けるような証言はなかなか出てこない。特命班として捜査に従事した佐野が回想する。

「遺体についての裏付け捜査には、本当に苦戦をしました。ゴミ処分場に行き、ブルドーザーで集積ゴミを掘り返したりしましたが、一年前の犯行ということもあり遺体の骨や灰などを発見することはついぞ出来ませんでした」

良子の自供だけでは公判維持は難しくなる可能性が高かった。遺体、もしくは殺人の証拠となる物証を捜査本部は早急に割り出さなければならなかった。

大峯は殺人現場となった浜中家の屋敷内の証拠集め、そして鑑定を急いだ。

良子は犯行現場になった玄関で、血しぶきによる飛沫痕も綺麗に掃除して消していた。だが、細かく検証すると壁や柱に僅かだが血痕が残っていることがわかった。また、良子が供述した遺体を焼却したときに使用したという波板トタンが、未だ物置に置かれていることもわかった。

大峯が回想する。

「飛沫痕を採取してＤＮＡ鑑定をしたら義母のＤＮＡと一致した。さらに波板トタンも押収し帯広畜産大学の教授（考古学）に鑑定してもらったところ、〈人の抗体である動物性油脂が大量に抽出できた。人に類似した脂肪酸組成がみつかっている〉というレポートが上がってきた。つまり『人脂』が付着しているということだ。遺体が見つからない状況のなかで、良子の証言通りこれは遺体を焼いた証拠になると捜査本部は色めき立ったね。自供、DNA、そして人脂の証拠をもって良子を立件できると確信を持つことができた」

DNAと人脂を割り出した鑑識班と科学資料班の働きが、事件解決のもう一つの決め手になった。自供だけでは証言を翻されたとき公判を維持できなくなる。証言にもとづいた裏付け捜査が何より重要な理由がここにある。

普通の主婦がなぜ、義母を殺し、遺体を焼却するという残忍な行為に手を染めたのか。きっかけは、「義母の郵便貯金から無断で百二十五万円を引き出して使ってしまったことが知れてしまうと怖れた」という、些細といえば些細にも見える理由だった。良子は逮捕後の心境を、警察に提出した手記にこう綴っている。

〈私は十七年間、生活を共にしてきた義母を殺しました。何の恨みもありませんでした。きっと私が義母を消火器でなぐっている時、もうろうとする頭の中で『なぜ良子がこんなことをするのだろう』と思いながら息をなくしていったのだと思います。私は自分のことばかりを考えて、義母のこと、夫の兄弟のことなどその時は考えられませんでした。

殺人を犯したことなど話せる人はなく、どんな時も私は『ひとり』なんだと痛感しました。でも、夫や四人の子供たちのことを考えると、自分から警察に行くことが出来ませんでした。夫はいつも私をかばってくれました。この夫のためにも、私が義母を殺した事実を話してはならない、私が犯人であってはならないと思い、九月二十五日まで無言のまま通してきました。心残りは星の数ほどありますが、もうあきらめました。

でも一番、かわいそうなことをしたのは義母です。何の心配もない老後を過ごさせてあげようとしたのに……。私はなんてバカなことを考えたのでしょうか……。ほんとうにバカな女です〉（一部要約）

「死体がないというのは本当にやっかいでしたね」

デスクの浦東がしんみりと言った。

「自供がないと立件できねぇからな」

大峯は焼酎のグラスを傾けながら事件に思いを馳せた。良子のような大人しい主婦でも死体を焼き尽くすんだからな……、人はわからないものである。

「今年もトップ賞を、大峯班、狙いましょう！　お疲れ様でした」

宴会係の菅原部長刑事が乾杯の音頭をとった。大峯班の飲み会は「マスター」というあだ名を持つ菅原が仕切ることになっていた。おっとりとしているが気の利いたセリフを言える菅原は、まさに大峯班のムードメーカーといえた。

寡黙な佐野は静かに飲んでいた。阿佐ヶ谷女性殺人死体遺棄事件で死体を発見した手柄を褒められると、はにかんだようにこう言った。

「吉田の家に行ったとき、たまたま父親と妻がいなかったから話を聞けた。どんな事件でもチャンスは一回だけ、と改めて実感したよ」

殺人犯捜査二係・大峯班が手掛けた二つの「死体なき殺人事件」は、共に人間の業、そして脆《もろ》さを感じさせるものだった。「阿佐ヶ谷女性殺人死体遺棄事件」の村田裕子は夫の不倫を知り我を失い、「檜原村老女（義母）殺人・死体損壊並びに遺棄事件」の浜中良子は生活費のために義母を殺めた。元ソープランド嬢で勝気な裕子に対して、地味な主婦だった良子と、二人の人物像は対照的だ。しかし、共に衝動的に人を殺し、残忍な形で遺体を処分するという異常な犯行に手を染めた。

刑事は彼女らの一瞬の油断や、心の隙を突き、事件解明への突破口を開いていった。

事件も捜査も一瞬の出来事が明暗を分けることになる——。

第八章

迷宮

世田谷一家四人殺人事件 2005

問題続出の捜査に絶望した大峯は、ある決断を下す。

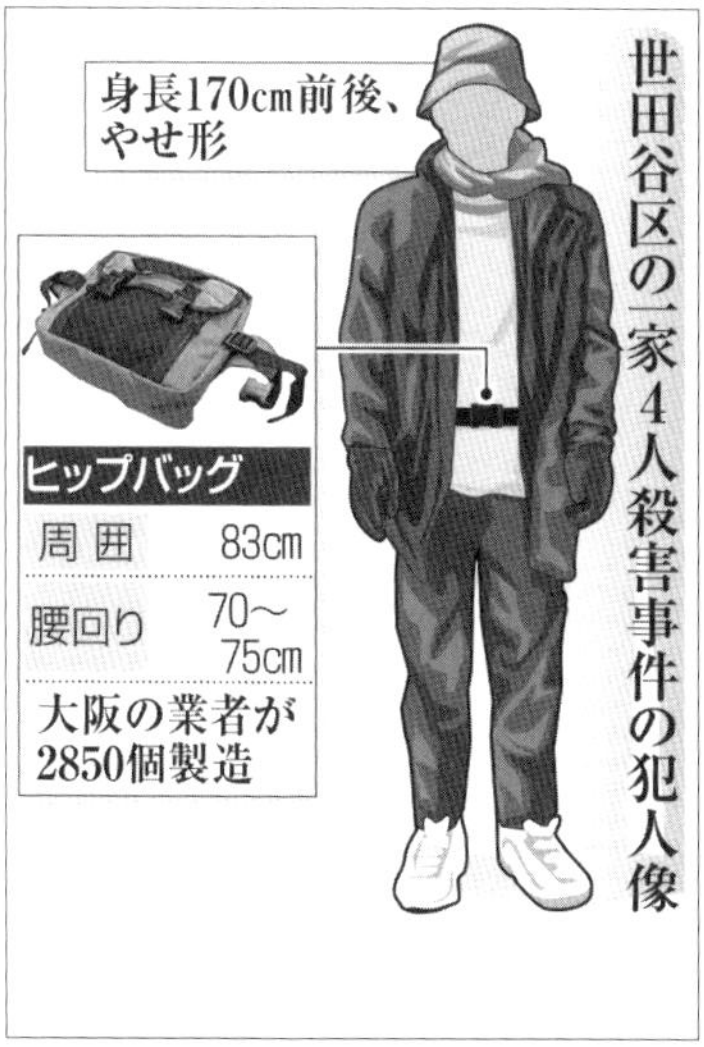

警視庁が作成した「犯人像」

二〇〇〇年十二月三十日。その日、東京の夜空は黒い雲に覆われていた。二十三時をまわったころ世田谷区祖師谷公園に、ある不審な影があった。グレーのバケット帽子（クラッシャーハット）に黒のジャンパー、黒い手袋にダークトーンのマフラーを巻き、足元には韓国製スラセンジャーのスニーカーを履いた男は、公園横に建つ瀟洒《しょうしゃ》な一軒家に視線を向けていた。

視線の先には会社員、宮澤みきおさん宅があった。一家四人が在宅中であることは暖かな窓明かりから窺えた。犯人は中二階の浴室の小窓が少し開いているのを見て、犯行を決意する。

小窓に頭から入り込んだ男は、浴室内に侵入する。中二階の廊下の先には子供部屋があり、わずかに扉が開いていた。男は音を立てずに扉をあけると、二段ベッドの下で寝ていた礼くん（当時六歳）を見下ろした。男は両手で礼くんの首を絞め、一気に力を込めた。礼くんは足をバタつかせて抵抗したものの、やがて静かになった。

礼くんを殺めると、男は中二階から二階に上がった。台所を通り抜けると、居間に入った。帽子と手袋を脱ぎ、ダイニングテーブル上に置く。ジャンパーを脱ぎ、マフラーと共に椅子の背もたれにかけた。さらなる殺人を行うためには身軽なほうがいい。犯行のための身支度を整えると、男はヒップバッグから柳刃包丁を取り出した。刃渡り二十一センチの柳刃包丁は、『関孫六　銀寿』という商品名で福井県の業者が製造し、関東一円でも広く販売されていたものだった。ヒップバッグからは、フランス・ギラロッシュ製の香水『ドラッカーノワール』の香りがほのかに漂っていた。

男が素手で持つ柳刃包丁の柄には特殊な形で黒い布が巻かれていた。男は静かに一階に降りると、気配を感じたみきおさん（当時四十四歳）と階段下で鉢合わせになった。男は躊躇《ためら》うことなく柳刃包丁を振りかざし、顔面を切りつけた。みきおさんは声にならない声を発し、顔を腕でガードしながら必死に防御した。慌てて階段を上り逃げようとするみきおさんを下から追いかけた男は、後ろから大腿部に柳刃包丁を突き立てた。動脈を切り裂いた傷口から大量の血が溢れ出る。みきおさんは意識を失い階段を転げ落ちた。顔を腕で覆い、膝を折ったままの姿勢でみきおさんは息絶えた。みきおさんの頭部には、柳刃包丁の折れた数ミリの刃が刺さったままだった。

中二階（ロフト）の部屋には妻の泰子さん（当時四十一歳）が、にいなちゃん（当時八歳）を寝かしつけようと一緒に布団に入っていた。周囲の異変には気がついていない。男は静かに寝室に侵入すると、二人の顔面に向かって柳刃包丁を振り下ろした。

目を覚ました泰子さんは必死に抵抗する。揉み合っているうちに男も手に深い切り傷を負った。慌てた男は、刃が欠け切れ味を失った柳刃包丁で殺害することを諦める。台所へと走ると柳刃包丁と黒い布を流し台に置き、凶器となるものの物色を始める。そして流し台の下に収納されていた洋包丁を見つけた。

血まみれの泰子さんは止血のために身を布団でくるみ、にいなちゃんを抱きかかえながら部屋を出た。一刻も早く逃げようと転げ落ちるように梯子階段を下りたところで、男と再び出くわしてしまう。男は洋包丁を何回も親子に突き立てた。泰子さんは娘を抱えた姿で絶命する。

にいなちゃんは身を丸めて正座するような恰好で息絶えた。壁には血痕が飛び散り、血だまりが出来ていた——。

男は手の傷の手当をすると、冷蔵庫を物色する。アイスクリームを取り出し、カップを握りつぶすようにして食べた。二つめのアイスクリームを取り出すと、食べながら室内の物色を始める。収納棚、引出しを開け続け、食べ終えたアイスクリームのカップは床に投げ捨てた。三つ目のアイスクリームを取り出すと、パソコンの操作を始めた。

再び物色を始め、運転免許証やパスポート、カード類を集めて居間のテーブルに並べた。暗証番号を割り出そうと試みたと思われるが、結局、カード類は放置したままとなった。

物色し不要と見なされた書類などは、中二階の浴槽に投げ込まれていた。デスク内の文房具なども同様に浴槽に投げ込まれた。

男は四つめのアイスクリームに手をつけ、食べ終わるとまたカップを放り捨てた。その手は切り傷で血が滲んでおり、ナプキンを使って止血していた。血のついたナプキンは一階の机の上に放置されていた。

男は殺害と物色で相当疲労したのだろう。二階の居間に戻ると、クッションを枕にして寝ころんだ。血の付いたトレーナーは脱ぎ棄てられ、ヒップバッグも放置されたままだった。犯人は箪笥《たんす》で見つけたみきおさんのTシャツに着替えていた。

朝十時半ごろ、けたたましく電話が鳴る。隣に住む泰子さんの母親がかけた電話だった。応答がないので、母親は家を出てみきおさん宅の玄関をノックする。

驚いた男は、中二階の浴室に向かう。再び浴室の小窓をくぐり抜けると、地面に飛び降りた。そして公園を徒歩で後にすると、白昼の街中にその姿を消した……。

——これが大峯の見立てによる、犯行状況の再現である。

二〇〇一年の新年は凄惨な殺人事件の報道で幕を開けた。

〈三十一日午前十時五十五分ごろ、東京都世田谷区上祖師谷三丁目、会社員宮澤みきおさん（四四）宅で、一家四人が血を流して倒れているのを、隣に住む宮澤さんの妻の母親（七一）が見つけた。宮澤さんが一階で首などを刺されて死んでおり、二階では妻泰子さん（四一）、長女の区立千歳小学校二年にいなちゃん（八つ）、長男で区立保育園児の礼君（六つ）の三人が死んでいた。室内を物色した跡があり、警視庁捜査一課は強盗殺人事件とみて成城署に捜査本部を設置した。

調べでは、泰子さんの母が電話をかけたところ、応答がないため、合いかぎを使って宮澤さん宅に入った。宮澤さんは一階の階段の下で首や腕など数カ所を刺され、うつぶせで倒れていた。階段に血痕が続いており、上から転げ落ちたとみられる。泰子さんとにいなちゃんは二階の階段近くで首や顔など数カ所を刺されて並んで倒れ、床に大量の血が広がっていた。さらに二階の子供部屋で、礼君がベッドの上で首を絞められて死んでいた。

三十日午後六時ごろ、母が内線電話で泰子さんと話をした。検視結果などから、捜査本部は一家の死亡推定時刻を三十日午後六時から三十一日未明とみている〉（二〇〇一年一月一日付「朝日新聞」より抜粋）

世間を震撼させた世田谷一家四人殺人事件。多くの遺留品を残した犯人の検挙は早いものと思われていたが、警視庁の捜査は遅々として進まなかった。

事件から五年後の二〇〇五年二月、捜査一課管理官を務めていた大峯は、警視庁捜査一課長に呼ばれた。

「大峯には未解決担当理事官として働いてもらう。重要事件、全てを担当してくれ」

こう久保正行捜査一課長から指示を受ける。「腰巾着」と呼ばれ、現場から煙たがられていた久保は一課長に昇進していた。未解決担当理事官は奥村万寿雄警視総監（当時）によって設置、任命された新しいポジションである。その辞令を受けたのだ。

理事官職とは本来は捜査一課長に次ぐナンバー2のポジションで、発生事件の捜査を指揮する立場にある。しかし大峯が任を受けた未解決担当理事官は、発生事件を担当しない。未解決事件だけを専門に捜査指揮する〝専門職〟として設置された。未解決事件の捜査本部には、管理官や係長以下の係員が専任捜査員として従事している。大峯は部下を指揮監督し、彼らを掌握して新しい事件の解決法を見つけ出すことを期待された。未解決事件担当理事官という役職は、初代の大峯以来、現在も専門職として引き継がれている。

警視庁が当時重要視していた未解決事件とは「スーパーナンペイ事件」、「世田谷一家四人殺人事件」、「東村山警察官殺害事件」、「柴又女子大生放火殺人事件」などだった。そのなかでも世田谷一家四人殺人事件は特に世間の注目度が高く、歴代警視総監が何度も解決への強い決意を表明していた重大事件だった。

今日は世田谷に行き、明日はスーパーナンペイ事件の捜査本部がある八王子に行くなど、大峯は四つの未解決事件の現場を転々とする日々を送ることになった。移動は、基本的に大峯と理事官車の運転手の二人。いずれも他に類を見ない難事件ばかりだが、大峯は「警視総監の発案において設置された任務だ。やるしかない」と決意を新たにしていた。

未解決事件に共通点はあるのかと聞かれた場合、大峯は、「そんなものはない。もしあるとすればホシが挙がっていないということぐらいだ」と答えるようにしていたという。未解決事件にはそれぞれの課題、状況があった。

大峯は未解決事件を担当するにあたって、それまでとは違う視点で捜査を行うことが出来ないかと考えた。

例えばスーパーナンペイ事件では、犯人を「外国人」、あるいは「暴力団関係者」、「覚醒剤常習者」と見立てて重点的に捜査するように指示を出した。

フィリピン製の拳銃を使い、三人の頭を撃ち抜くという残虐な手口から犯人像はその三パターンのうちのどれかではないかと絞り込みをかけたのだ。何人かの容疑者が浮かんでは消えた。特にナンペイ事件では指紋などの物証が残されていないため、凶器になったフィリピン製拳銃の「スカイヤーズビンガム」が出てこなければ、犯人と断定することは難しい。

二〇二〇年七月には時事通信が「中国人の男『八王子で強殺』知人に告白　スーパー3人射殺」という記事を配信した。ある日本人が、「知人の中国人から『八王子で未解決の強盗殺人を起こした』と聞いた」と証言し、捜査本部でその行方を追っていたという内容だ。だが、その後報道が途絶えているところを見ると、捜査は難航しているようだ。犯行を示唆する関係者の証言だけでは事件解決は難しい。その証言に、犯人しか知り得ない「秘密の暴露」があるのかどうか確認する必要があるし、凶器の行方も調べないといけない。それだけ未解決事件の捜査は難しいものなのだ。

着任してから半年ほど経過したとき、大峯は四つの事件を並行して捜査するのではなく、世田谷一家四人殺人事件に注力しようと方針を変えた。

警視庁の威信がかかっている重要事件であるのもそうだが、現場には指紋や多数の遺留品が残されていることから、それらを精査、再検証すれば新しい解決策を見つけることが出来るはずだと考えたのだ。

まず警視総監決裁を受けて、約三十名体制だった捜査員を、期間限定ではあるが百五十名体制にまで拡充してもらった。各警察署から一〜二名、大峯が目星をつけていた優秀な人間を特命捜査員として派遣してもらった。とにかく、捜査でやれることは全部やろうと大峯は考えた。

世田谷一家四人殺人事件で、捜査の死角を作ってしまったのがあまりにも多い遺留品、指紋、犯人の血液から検出されたＤＮＡなどの存在だった。

大峯が捜査資料を精読していくと、一般的な聞き込み捜査が十分に行われていないことが一目瞭然だった。捜査報告書に書かれている内容が指紋、指紋ばかりなのだ。聞き込みに行っても、捜査員は即座に「指紋を取らせてくれませんか」と聞くばかりで、十分な情報収集が行われていないことが捜査報告書から読み取れた。

事件捜査では聞き込み捜査は重要なカギとなる。世田谷では現場の状況から犯人が手に切り傷を負っていることがわかっているので、まず、「この辺りで、手を怪我している人はいませんでしたか」などと聞き込む必要がある。丹念に目撃情報、不審者情報を集めていくことによって、犯人像の絞り込みが可能となるのだ。

そこで再度の聞き込み、そして捜査報告書の見直し捜査を重点的に大峯は行った。その再捜査からあるトラブルが露見してしまうことに繋がるのだが、そのことについては後述する。

徹底した聞き込み捜査のやり直しを行ったものの、事件後丸五年が経過していたこともあって人々の記憶は風化しており、有力な情報は出てこなかった。

指紋に関しても改めて徹底的にローラーをかけた。犯人は若い男という想定がDNA情報から出来ていた。そこで、まず現場近くのTSUTAYA（ツタヤ）に依頼して、入会申込書の提出を求めた。犯人が近所に住む若者だとしたら会員になっている可能性があるという読みで、入会申込書に付いた指紋を採取しようと考えた。しかし、TSUTAYAが任意提出に応じなかったので、捜索差押令状を取り入会申込書の検証を行った。残念ながら入会申込書から、合致するような指紋は出てこなかった。

また、東京都内の自動車教習所にも捜査協力の依頼をした。犯人が都内に住む日本人であれば自動車免許を取得しているかもしれないと、こちらも申込書を提出してもらい指紋照合をかけた。だが、これも該当はなかった。さらに警視庁の地域部長に協力を要請し、職務質問時に指紋を採取するよう指示を出してもらった。各警察官に指紋採取容器と指紋採取用紙を携帯させて幅広く集めてもらったが、合致する指紋は出てこない。

最後の望みとなったのが、現場に残された犯人の血痕から検出されたDNAのさらなる解析だった。

事件直後、捜査本部が行ったDNA鑑定では「H型」という結果がすでに出ていた。しかし、事件発生から五年が経過しているので、DNA鑑定の技術は進歩しているのではないか、大峯はそう考えた。

「DNAの再鑑定をしてみたい」

捜査会議で提案したところ、科捜研の人間が東京歯科医大の水口清教授（現・東海大学医学部客員教授）を推薦してきた。水口教授は「ミトコンドリアDNA多型《たけい》を用いた人種推定」などの論文を書いている気鋭の学者で、新しい形でのDNA鑑定が出来る可能性が高いという。実際に捜査員が水口教授に依頼して再鑑定をしてもらったところ、新たな事実が明らかになったのだ。

水口教授の再鑑定ではさらにDNAにはアンダーソン型という配列の分類があり、犯人は「H15型」であると判明した。これまでのH型という報告より詳細な分類結果が出たのだ。

母系を調べるためにはミトコンドリアDNAを調べる必要がある。ミトコンドリアDNAは母親のものだけが子供に伝わり、父親のミトコンドリアDNAは受精卵の中で消滅してしまうので、次世代には受け継がれない。人類の始まりは、アフリカ人の一人の女性（ミトコンドリアイブと呼ばれる）からスタートし、ここからミトコンドリアDNAが変異を繰り返し亜型が産まれたとされる。こうした学説からミトコンドリアDNAは、人種を判別するのに最も適した科学的方法だとされている。

大峯が興奮を覚えたのは、捜査員が水口教授から聞いてきた次のような説明だった。

「H1型からH106型まである中で、H15型は比較的新しく見つかった分類で、地中海、アドリア海沿岸に多く分布している型です。イタリア人やボスニア・ヘルツェゴビナ人などによく見られます。逆に日本人でこの型を持つ人を見つけるのは極めて難しい。犯人の母親が日本人である確率はほぼ〇％でしょう」

一方、父系を調べるために「Y染色体」の鑑定もすすめた。犯人の染色体は「03e*（オースリーイースター）型」であることが判明した。同型は韓国、台湾、中国、日本、フィリピンを含むアジア系の黄色人種に多く見られる型だという。

水口教授はこう捜査員に説明した。

「母系は地中海やアドリア海を中心とした南欧系白人、父系はアジア系黄色人種と鑑定結果からは出ました。つまり犯人は両者のハーフ、もしくは（クォーターなどの）混血であると考えられます」

犯人像については怨恨のある者、仕事でのトラブルなど様々な説が流れていた。だが大峯は、風呂場から侵入したと思われる犯行経路や住宅内を手荒に物色している様から、犯人は「流しの犯罪者」ではないかと睨んでいた。つまり犯人は〝粗暴な物取り〟で、強盗する家を探しているなかでたまたま宮澤さん宅がターゲットになったという見立てだ。DNA鑑定の結果が示唆する犯人像も、その見立ての延長線上にある。

再鑑定結果と水口教授の解説を捜査本部で聞いた大峯は、「これは大事な話だな」と思わず呟いた。事実、捜査本部では犯人像を全く特定出来ていない。そうしたなかで、「犯人は混血である」という鑑定結果が出たのは大きな前進といえた。

大峯は捜査方針をハーフ及びクォーターなどの混血の若者の割り出しへと転換した。区役所に捜査員を走らせ、名前などから混血と思われる人物をピックアップし、聞き込みなどの形で指紋採取を行った。捜査員は指紋の形が頭に入っているので、指紋採取の段階で指紋がホシのものなのか否かを、ある程度判別することができる。

あるとき捜査線上に浮かんだ一人の男性がいた。

父親が日本人で、母親がフランス人のハーフの男だ。母親のDNAを調べたところ「H13型」と出た。このハーフ男性も鑑定の結果、H13型と出る。犯人のDNAタイプであるH15型ではないため、彼は犯人ではないと判断することになった。

だが、大峯はこれを興味深い結果と捉えた。

まずハーフの男性から「H15型」に近い「H13型」という結果が出たということ、そしてこの男性が母子ともに同じ「H13型」であると確認できたことは、学説を裏付けるものだと考えることができる。犯人が「混血」であるとする水口教授の鑑定結果に対する〝確信〟を深めたのだ。

そこで問題となったのが、今後どのように捜査を展開していくか、という点だった。戸籍照会や聞き込みでの犯人割出しにも限界がある。

大峯は「公開捜査」しかない、と判断した。公開捜査を行い、DNA鑑定の結果などをメディアに対して情報開示すれば、事件関連の情報提供量が倍増することが期待できる。迷宮入りしてしまった世田谷一家四人殺人事件の解決のために、起死回生の一手を打とうじゃないかと決断したのだ。


夏の暑い日だった。

大峯は水口教授にも同行してもらい、金髙雅仁刑事部長（当時・後に警察庁長官）のもとを訪れた。水口教授にDNA鑑定の内容とその意味について、刑事部長室のホワイトボードを使いながら詳しく説明してもらった。実直な学者という外見そのままの水口教授は、熱心に鑑定結果の理由についてレクチャーをしてくれた。

大峯は金髙刑事部長にこう提案をした。

「DNA鑑定の結果、犯人の母系は地中海やアドリア海を中心とした南欧系白人、父系はアジア系黄色人種との結果が出ました。『犯人は混血の疑いが強い』という鑑定結果を広報していただけないでしょうか」

〝新情報〟に賭ける気持ちを刑事部長にぶつけた。キャリア官僚である金髙は静かに大峯の話を聞いていた。

「広報をすることはできない。却下だ。以上」

刑事部長室に冷たく声が響いた。

大峯は愕然とした気持ちになった。金髙は、これ以上語ることはないという風に背を向けてしまった。

犯人像につながる朧《おぼろ》げな影が見えてきたというのに、警察は新たな手を打とうとしない。その事実に、大峯は打ちのめされていた。事件を解決に導くことができないのなら、未解決担当理事官という役職にどのような意味があるのか――。

少し前には捜査本部内で、心が暗くなるような事案も発覚していた。ある日、捜査会議で次のような報告が上がってきたのだ。

「捜査報告書の再検証のために聞き込みを行ったのですが、その人物に聞くと『自分は指紋を取られていない』と言うのです。報告書には指紋採取とある。どういうことなのでしょうか？」

調べてみると捜査報告書に書かれていた採取したという指紋は、捜査員やその妻の指紋だった。つまり捜査協力が得られていない、もしくはさぼっていることがバレないように、捜査員が虚偽の指紋をつけ三十五通もの捜査報告書を上げていたのだ。これは虚偽公文書作成にあたる犯罪行為であり、捜査資料を信頼していいのかという、そもそもの捜査の根本を揺るがすような由々しき事態だった。

問題は新聞記事でもスッパ抜かれた。

〈捜査報告を偽造　不在住民から「聞き込み」　世田谷の一家殺害
東京都世田谷区で00年12月、会社員宮澤みきおさん（当時44）一家４人が殺害された事件の捜査に携わっていた警視庁小平署地域課の男性警部補（57）が、実際には会っていない住民から聞き込みをしたなどとする虚偽の捜査報告書を作成していたことが分かった。警視庁は12日、警部補を虚偽有印公文書作成・同行使の疑いで書類送検するとともに、停職３カ月の懲戒処分とした。警部補は同日付で辞職した〉（二〇〇六年五月十三日付「朝日新聞」）

「何をやっているんだ……」

大峯は虚しい気持ちになっていた。初動捜査の段階で、事件を挙げようという気概のない捜査員がいたことになる。しかも、当時の一課長、理事官は全て異動してしまっている。責任を問うことも出来ない。

暗澹《あんたん》たる日常が続いた。

仕事を終えると大峯は、亀有にある「文吾鮨」に立ち寄ることがいつしか日課となっていた。文吾鮨は物静かなオヤジが切り盛りしている割と品のいい寿司屋で、お気に入りの店だった。

ひとりで焼酎を傾けながら物思いにふける日々。大峯の心中は荒れていた。

「見つけちまったんだから、俺が責任を取るしかねぇか。このままでいいのか、くそっ」

酒を呷り、思わず吐き捨てた。

「そういえば朝日の清水は定年退職したらスペインで豆腐屋をやるとか言ってたな。俺もうどん屋でもやろうかな――」

大峯の心中には暗い影が差し込むようになっていた。

刑事にとって捜査は全てと言っても過言ではない。自分の本分は刑事であり、長く第一線で戦ってきたという自負もある。その後も管理官、理事官として、事件解決に燃える捜査員たちを指導してきた。多くの難事件を解決に導いてきた、つもりだ。

それが、世田谷一家四人殺人事件の再捜査に入ったものの、出てくるのは杜撰《ずさん》な捜査の実態や身内の不祥事ばかり。そして起死回生の一手と願った公開捜査も、刑事部長によって拒否されてしまった。誰かが責任を取らなければ、組織は緊張感を失ってしまう。ならば自分が責任を取ろうか、そう考えるようになっていた。

担当していた未解決事件の一つである「東村山警察官殺害事件」の捜査も行き詰まりを見せていた。同件は一九九二年に発生し、東村山警察署旭が丘派出所で巡査長（当時四十二歳）が何者かに刺殺され、巡査長が携帯していた実弾五発入りの拳銃・S&Wチーフスペシャルが奪われるという〝警官殺し〟事件だった。目撃者がなく、遺留品もない事件の解決は困難とされていた。大峯が理事官として再捜査の指揮にあたったときには時効まで二年（公訴時効を迎えるのが二〇〇七年二月十四日）しかなく、捜査は時間との勝負になっていた。犯人を拳銃マニアの可能性ありと見て、洗い直し捜査を続けたが目ぼしい成果を得ることは出来ていない。

担当した事件が時効を迎えたとき、事件書類を整理し検察庁に送る作業は、刑事にとって挫折感を覚える仕事である。多くの捜査員の努力が水泡に帰してしまう。このままでは「東村山警察官殺害事件」は〝迷宮入り〟してしまう可能性が高い、と大峯は感じざるを得なかった（後に時効成立）。

「世田谷だけは、何としても解決に導きたい」

大峯は刑事として焦りを感じていた。

世田谷はまだ時効（二〇一〇年、法改正により殺人罪のみ公訴時効が廃止され、世田谷一家四人殺人事件の時効はなくなった）まで時間はある。だが一方で、当時五十八歳の大峯には定年まで残り二年弱というタイムリミットが迫っていた。

「大峯さん、世田谷のＤＮＡ鑑定はあてになりませんよ」

こう言ってくる捜査員もいた。世界の人口六十五億人からどうやって混血の犯人を割り出すのか、確率論からしても筋が悪過ぎる、と……。

刑事には口さがない人間もいる。大事なのは信念だ。大峯は水口教授の鑑定結果は正しいと確信していた。母親は南欧系白人で、父親はアジア系黄色人種と細かい分析までなされている。そこから犯人を割り出すのが警察の役割だ。正しい情報であれば広報すべきだし、公開捜査に踏み切れば捜査が進展する可能性はある、そう大峯は思っていた。

おそらく警察庁は、〝混血〟という鑑定結果がプライバシー侵害に相当する可能性を懸念し、もし〝誤認情報〟だった場合に巻き起こる批判を怖れていたのだろう。つまり世田谷一家四人殺人事件で、これ以上失点を重ねたくないという〝保身〟がそこにはあった。

大峯が文吾鮨で一人飲みを始めて、一年ぐらいが経過しただろうか。

大峯にとって刑事は天職ともいえる仕事だった。三十年以上、常に捜査に没頭する日々を送った。大峯は自由に捜査をさせてこそ持ち味を発揮する刑事だった。上司の方針でも納得がいかなければ、平気で嚙みついてきた。「あいつには気をつけろ」と各警察署にお触れが回ったこともあった。だがそうした陰口も批判も、全て結果を出すことで跳ね除《の》けてきた。しかし、今回ばかりは勝手が違う。金髙刑事部長はどう説明しようがウンとは言ってくれなかった。

大峯は、事件解決のために万全を尽くせないという現実が許せなかった。

「事件を解決できねぇなら、このまま定年までいても意味ないじゃねぇかっ」

大峯はぐいっとグラス傾けた。いくら酒を飲んでも事件のことばかり考えてしまう。大峯は焼酎を飲みながら出口のない答えを探すことに疲れ果てていた。

「俺が責任を取ろう。辞めることで警視庁が公開捜査の重要性に気づいてくれることに賭けてみるか——」

静かにグラスをテーブルに置く。これしかない、そう思った。

「それが刑事というものだな」

と、独りごちた。

二〇〇六年夏、大峯は光真章《みつざね》・捜査一課長にこう報告した。

「九月の異動の時に辞めさせていただきます」

課内が一瞬静まり返った。

「何で辞めるんだ?」

光真一課長が驚いた表情で聞き返してきた。

「辞めると決めましたので、辞めさせていただきます」

それだけ語ると、大峯は愛着ある警視庁捜査一課を後にした。これで警察手帳ともお別れだ。

大峯は理事官車に乗り込むとシートに深く身を預けた。

(犯人を挙げることこそが刑事の使命だ。それが出来ないのだから、こうするしかないだろう)

外の景色を眺めながら、大峯の自問自答は続いた。未練がないといえば嘘になる。窓に流れる夜景が奇妙に滲んで見えた。

葛飾区の自宅は都内の喧騒とは別世界の、緑豊かで静かな場所だ。大峯はスーツを脱ぎながら妻の明美にこう報告した。

「警視庁を辞めることにした」

いつも明るい妻の表情が止まった。

横浜銀行の行員だった妻とは、刑事講習の同期の紹介で知り合って結婚し、三十五年の月日が経っていた。刑事の仕事に没頭する大峯を、いつも黙って見守ってくれた妻だった。

「お疲れ様でした」

彼女はそう言うと、理由も聞かずに静かに微笑んでくれた。

（長いあいだ明美にも苦労をかけたな）。大峯は心の中で泣いた。

九月三十日が警視庁に通う最後の日となった。すでに警察手帳や制服は返納してある。辞職を申し出た日から一カ月あまり。決断した以上、大峯にもう悔いはなかった。

警視庁本部庁舎十七階の会議室で退官式が開催された。定年退職する警察官が揃うなかで、自主退職の形で退官するのは大峯だけだった。厳かな空気のなか、退職辞令と功績章の授与式が行われた。広い会議室にはベテラン警察官が顔を揃えていた。

派出所で職務質問を繰り返した日々、そして夢を抱いていた捜査一課への配属。憧れの場所では想像以上の幸運に恵まれた。ロス疑惑に宮﨑勤事件、オウム事件と世紀の大事件とよばれる現場の第一線で身体を張ってきた。大峯ほど恵まれた刑事人生を歩んだものもなかなかいないだろう。三十年余り全力で駆け抜けることが出来たのは、それだけ刑事というものが魅力的な仕事だからであった。

「自分の終わりくらい自分で決めようや」。大峯は小さく呟いた。

警視庁音楽隊の奏でるマーチが軽快に響く。警察官たちは隊列を組み、音楽に見送られながら行進した。警視庁正面玄関を出たとき、大峯の刑事人生は終わりを迎えた。

桜田門から見上げた秋空は、高くそして青かった――。

終章

「動機」人はなぜ罪を犯すのか

〝伝説の刑事〟が最後に辿りついた真実とは——。

1991年、荻窪署刑事時代

「また不良たちが暴れてさ」

ある日、リビングでくつろいでいた息子は、父親にこう話しかけた。

息子は中学校に進学したものの、学校の荒廃ぶりが思っていた以上に酷いという。不良が暴れ、学校にバイクを乗ってくるワルもいるという。

「そんなに酷いのか」

大峯は何の気なしに返事をした。

「オヤジ、うちの学校ハンパないよ」

息子は真顔で答えた。


K中学校は地域でも噂の荒れた学校だった。

一九八六年、「ロスアンゼルス市ホテル内女性殺人未遂事件」を立件した翌年のことである。休みが少ない捜査一課の刑事であるが、捜査本部解散後や事件番（事件発生に備えて待機する係）のときには一定期間の休暇を貰える。大峯は息子の言葉に引っ掛かりを感じ、中学校に足を運んでみることにした。

校内に足を踏み入れた瞬間、生徒が煙草を吸っている姿が目に飛び込んできた。地面や廊下のあちこちには吸い殻が投げ捨てられた跡がある。

「なんて学校だ――」

さすがの大峯も驚いた。

教室を覗くと、授業中なのに誰も黒板を見ていない。ダボダボの恰好をした不良生徒らは、授業中にもかかわらず勝手に教室を出入りしている。談笑したりなかには煙草を吸っている生徒もいる。まさに学級崩壊状態だ。

教員が言うには、息子のクラスには「七人の不良生徒がいる」という。〝七人のワル〟たちはバイク泥棒に万引き、他校に乗り込んで喧嘩はするわ、カツアゲはするわと、地域でも怖れられている悪ガキたちだった。煙草を吸うくらいは序の口で、中学生なのにシャブ（覚醒剤）までやっているワルもいた。

大峯は教員にこう聞いた。

「彼らと話してもいいですか。話せる場所ありますか？」

教員は戸惑いながら「理科室なら」と答えた。

放課後になれば理科室は人気のない場所になる。大峯は七人のワルを一人一人呼び出すことにした。

一人目に来たのが高橋浩二（仮名）だった。高橋は茶髪に髪を染め、短ランにボンタンズボンを穿《は》いていた。

「おまえ、煙草を吸っていたな。なにやってるんだ！」

大峯はいきなり殴りつけた。

「授業中だぞ。どういうつもりだ！」

高橋は怯えた目で大峯を見た。目の前の強面の父兄が、警視庁捜査一課の刑事だという噂は彼の耳にも入っていたようだ。

「煙草を中学生が吸っていいわけないだろう。授業だってきちんと受けないとダメだ。どうして、そんな悪さをするんだ」

高橋は黙ったままだった。

「何が不満なんだ。理由を教えてくれ」

大峯は高橋の目を見つめながら話し続けた。

「俺は家に帰りたくないんです。母親が再婚していて……。俺と父親とは血が繋がっていない。それが嫌で。母親も何かと口うるさいだけで、ムシャクシャするんです。だから喧嘩したり、煙草を吸うようになって……」

大峯は静かに話を聞いた。高橋は家庭に問題をかかえていた。だから学校で荒れた態度を取るようになったようだ。

「わかった、親御さんには俺からも話をしてみる。だから高橋も他人に迷惑をかけるようなことをするな。人間にはやっていいことと、悪いことというものがある。授業の邪魔をすることは、他の生徒が困るだろう。だから止めろ。もしどうしても授業に出るのが嫌なら、俺が学校に言ってやるから別の教室で集まろう。俺が相手をしてやるよ」

実際に学校に掛け合い、大峯は七人のワルのために別の教室を使わせてもらうよう許可を得る。教室では彼らと将棋を指したり、談笑したりした。悪ガキたちの話を聞くと、彼らには彼らなりの反抗する理由があった。「授業についていけない」、「先生が気に食わない」、「母親とうまくいっていない」など、その理由は様々だった。理由なき反抗なんていうものはない。きちんと話を聞けば、子供が非行に走ることには何らかの理由があるのがやがてわかる。

生徒の相手をしながら、大峯は家庭のことも知らないといけないなと思った。

そこで七人の母親や父親にも順次会うことにした。

大峯は高橋の自宅を訪れ、母親に話を聞いた。母親はやつれた表情でこう話した。

「浩二は私たちの言うことを聞いてくれないんです。いろいろ口うるさく言ったのですが、全然聞いてくれなくて。もう、どうしていいかわからないので、放任している感じになっていて……」

やはり母親も困っていたのだ。大峯は諭すように話をした。

「浩二くんはまだ子供です。父親と血が繋がっていないことを、彼なりに悩んでいるようです。まず、お母さんがよく話を聞いてあげてください。放任してしまえばどんどん悪くなってしまいますよ」

母親はとかく子供を構いがちだ。口やかましいのも教育だと考える親は多いが必ずしも良いとは限らない。子供は繊細な生き物である。まず理解をしてあげることこそが重要だといえる。

「口やかましく言い過ぎるのは子供にとって良くないことです。怒るだけが教育ではありません。子供が煩わしいと思い始めるところから、非行の道へと進んでしまうことは多々あります。だから、子供の話をよく聞いてあげてください。そして愛情をもって接してあげてください。遠くから見守るような、大きな気持ちが必要です」

母親は静かに刑事の言葉に耳を傾けていた。

大峯は悪ガキたちの自宅を訪問するだけではなく、大峯の自宅に七人の母親を集めて意見交換会をすることもあった。

さらに地域と連携して、「トライアングル」という非行防止組織を立ち上げた。トライアングルとは「地域」、「学校」、「家庭」を結びつけるためにつけた呼称だ。大峯の呼びかけに協力してくれる元PTA会長、地元の有志など五人ぐらいが中心メンバーとなり、「荒れた中学校をなんとかしよう」と集うことになったのだ。

主な活動は大峯が個人でもしていたように、学校へ指導に行ったり、母親の悩みを聞き相談に乗るようなことを重点的に行った。あまりに悪ガキたちの素行が悪質な場合には、大峯が地元警察に連絡をして逮捕させるなど厳しい面も見せた。

しばらくすると悪ガキたちの様子が変わってきた。教師の指導に従うようになり、粗暴な行動を取らなくなったのだ。不良のような見た目は変わらないものの、悪さをしないようになってきた。

大峯はこのトライアングル活動を七年ほど続けた。息子の代だけを指導したのでは根本は変わらない、と考えたのだ。環境が悪いままであれば、次々と不良が出てくる。大峯は定期的に中学校に出向き、様々な世代のワルたちの話を聞き家族への指導を続けた。

高橋は中学校を卒業すると同時に働き始め、父親の仕事を手伝うようになった。血の繋がっていない父親を「嫌いだ」と言っていたあの少年が、である。わだかまりは親子が向き合うことによって融解していったようだ。高橋は後に、父親から学んだ仕事の知識を活かして会社を興した。彼は現在、内装解体の会社を経営する社長だ。他の悪ガキたちも中学卒業と同時に働き始めた。みなワルを卒業し、社会に適応していった。

元悪ガキたちは「おじさんと飲みたい」と今でも大峯に連絡をしてくるという。年に一回は、みなで集まり酒を酌み交わす。

大峯の唯一の心残りは、〝七人のワル〟の一人である木村晃彦（仮名）の存在だ。彼だけは年に一回、みなで集まる酒席に顔を見せたことがない。中学時代からシャブをやっていた木村だけは、未だに更生が出来ていないのだ。中学卒業後も、木村は大峯のもとに相談に来ることが何度かあった。多くは親についての愚痴で親子関係は悪いまま。シャブこそやらなくなったものの、木村は精神安定剤を大量服用したり、酒を飲んで暴れたりと事件を何度も起こしている。親兄弟に見放されてしまったことも影響しているだろう。犯罪を繰り返し、現在も服役中だ。

亀有の居酒屋。元〝七人のワル〟と刑事の酒席はいつも賑《にぎ》やかだ。

「木村のことは心配だよ。あいつは今でも中学生のままだ」

大峯は焼酎を呷りながら呟く。

高橋は元悪ガキ仲間と仕事の話で熱い議論を交わしている。みな大人になったのだ。

誰かが中学時代の話題を持ち出した。

「しかしおじさんにブン殴られた時は痛かったですよ。刑事が殴っていいんですか（笑）。でも、きちんと話を聞いてくれたのもおじさんだけでしたよ！」

「中学生が教室で煙草はありえんだろ」

大峯が真顔で返すと、みなで笑いながら酒杯を傾けた。

中学時代を思えば隔世の感だ。

〝七人のワル〟たちの多くは更生の道を歩むことが出来た。木村を除いて、みな立派な社会人となり大人になった。


大峯はなぜ中学校を変えようと思ったのか。それは取調室で見てきた犯罪者には共通する特徴があることを実感していたからだ。子供のうちに指導すれば、犯罪は抑止できると刑事の経験からわかっていたのだ。

大峯はこう語る。

「犯罪者の多くは、親や家庭環境に問題があったケースが多い。小さいころからの育ち方、成育歴によって犯罪者になるかならないかが違ってくる。最も大事なものが育て方なんだ。犯罪には計画的なものと突発的なものの二種類がある。計画的に犯罪を犯したという人間には、調べてみると成育環境に問題があったというケースがとても多い」

宮﨑勤や小田島鐵男のように、愛情の薄い家庭環境や惨めな境遇が、その後の犯罪に結びついてしまったというケースは少なくない。例えば宮﨑の場合は、父親の不倫があり父親を憎んでいた。それが犯行動機の全てではないが、成育環境の歪みが彼の心に利己的な自我を芽生えさせてしまった可能性は高い。

近年、重大犯罪が起こるとその犯人について、「モンスター」、「野獣」、「生まれてはいけない欠陥品」という類の言葉を使って表現、批判する声も多くなった。まるで、犯罪意識とは持って生まれた先天的なものであり、事件は、その場に現われた〝悪魔〟が偶発的に起こすものであるかのように――。

だが、そうだろうか。数々の犯罪者と対峙してきた大峯は「違う」と強調する。

「私はどの捜査でも容疑者の親が生きていれば必ず話を聞きに行き、幼少期はどうだったのかについて聞き込みをした。成育歴を知れば、容疑者がなぜ犯罪に手を染めたのか、その背景が見えてくるからだ。

はたして幼児から〝悪〟だったという人間がいるだろうか。犯罪者には必ずどこかで歪んでしまった原因というものがある。それを知りたいと思ったからこそ、私は刑事という仕事に夢中になれたのかもしれない」

大峯がなぜ、数々の犯罪者を取調室のなかで落とすことが出来たのか。それは犯罪者をただ追い詰めたり、断罪したからではない。彼、彼女らの人生を丁寧に聞き出し、それを理解しようとしたからではなかったか。

伝説の刑事と呼ばれた男はこう断言する。

「生まれながらの犯罪者なんていないんだ」――。

あとがき

「伝説の刑事」と呼ばれる大峯泰廣氏に会ったのは、私が「週刊文春」の記者をしていた二〇一八年末のことだった。初対面は都内のある寿司屋だった。

大峯氏の元警視庁捜査一課刑事の肩書き、様々な重大事件を解決に導き警視総監賞を何度も受賞した輝かしいキャリアは、私を畏怖させた。

温厚そうだが、時に鋭い視線を投げかける大峯氏との一席に緊張したことを今でも覚えている。だが、いろいろな事件の逸話を聞いているうちに、まるで刑事ドラマを見ているような興奮を覚えた。まさに刑事の体験談なのだから、刑事ドラマよりも面白いのは当然といえば当然である。本物の人間ドラマが取調室のなかにはあった。焼酎のグラスを傾けるうちに緊張感は解けてきて、いつしか夢中になって質問している自分がいた。

〝伝説の刑事〟は強面で上下関係に厳しい体育会系の人物だとばかり思っていた。しかし対話を続けていくうちに、大峯氏が研究者のように学究肌であり、少年のように自由な心を持った人物だということがわかってきた。

大峯氏自身も「自分は組織には向いていないタイプの人間だった」と振り返る。係長時代、大峯は捜査幹部でありながら管理官の捜査方針に納得が出来ず、捜査本部を飛び出して自ら地取りに走ることが度々あったという。自らの能力に絶対の自信を持つのと同時に、やりたいようにやらないと気が済まない〝我《わ》が儘《まま》〟な一面も持っていた。

その真骨頂といえるのが、宮﨑勤が起こした連続幼女誘拐殺人事件といえよう。直感が働けば管轄外の所轄であっても自ら取調べに行く。難事件の容疑者をわずか一日で落とす電光石火の早業は、大峯の〝我が儘〟が糸口となったといえるだろう。

大峯と宮﨑勤との関係性は、「伝説の刑事」の調べ術をよく表している。ときに諭し、ときに叱り飛ばす。まるで教師と生徒のような関係性が、取調室のやりとりからは窺うことができる。その視線は厳しくもあり優しくもある。宮﨑は自らの罪から目を逸《そ》らすかのように「モンスター」を演じようとしたが、大峯は決してそれを許さなかった。言い訳と屁理屈を重ねる宮﨑に対して、「単なるわいせつ目的じゃねえか」と喝破するのだ。

「尊師を救ってやれよ」――、こう言ってオウム真理教信者であった土谷正実を落とすことが出来たのも深い洞察があってこそだろう。成育歴や環境に問題がなかった土谷を狂気に走らせたのは〝宗教〟だと大峯は判断し、そこを突いた。洗脳を逆手に取る、常識では考えられないような手を編み出せたのも大峯のキャラクターゆえであろう。

だがその強烈な個性は、最後に組織と衝突してしまうことになる。世田谷一家四人殺人事件の捜査方針を巡り不満を抱えていた大峯は、自ら警視庁を去ることを決断する。捜査を優先したその判断は、最後まで刑事であろうとした大峯の矜持を感じさせた。

二〇二〇年十二月で、世田谷一家四人殺人事件は発生から二十年が経過した。大峯の後任者によってDNA捜査は打ち切られ、警視庁はいまも犯人の人種等について正式な広報を行っていない。

しかしながら、警視庁が犯人のDNA型をもとに、顔や容姿などを推定する科学技術を活用した鑑定に着手する、と産経新聞が報じた（二〇二〇年十二月三十日付）。事件から二十年、あまりに遅い動きだ。大峯氏が職を辞してまでこだわった、DNA捜査を広報すべきというメッセージが虚しく響く。なぜ警視庁は捜査に全力を尽くさなかったのか。大峯氏の胸の中では十数年が経ったいまでも、同じ問いが繰り返されているという。

最終章を学級崩壊した中学校の話にしたのは刑事の回顧録としては異例だったかもしれない。だが大峯の本質はここにあると私は考えて、あえて名もなきドラマを最後にもってくることにした。犯罪解決だけではない。伝説の刑事の情熱は、常に〝人間〟に向かっていたことを象徴するエピソードだと感じたからだ。七人のワルの親を集めて「思いやりを持って子供に接してあげてください。愛情が大事です」とお願いして回り、多くの少年たちを更生させた。「生まれながらの犯罪者なんていないんだ」という言葉は、私の胸に重く響いた。

メディアは異常な事件が起きると、犯人を「モンスター」と決めつける。犯行の動機も、「闇は深い」と断じて実はそれで済ませてしまうことが多く、何かが欠落してやしないかと、私は報道の現場で常々感じていた。犯人の「動機」が報じられたとしても、どこか作りもののような違和感を覚えていた。

大峯が犯罪を許すことはない。

だが彼は犯罪者を決して「モンスター」とか「欠陥品」とは呼ばない。犯人へ同情を見せることはないが、その人生には思いを馳せようとする。家族がいれば足を運び、犯人の身の上話に耳を傾ける。犯罪者を断罪することは容易いが、大峯は常に「彼らも人間だ」という視点を持ち続け捜査を行っていたように思う。「罪を憎んで人を憎まず」という古い格言を体現しているかのように。

大峯氏との出会いから、本書を上梓するまで二年を超える月日を要した。

取材を行い、その後に大峯氏と酒を酌み交わすという時間が続いた。だが、コロナ禍という予期できない状況が発生し様々な制約が必要となった。対面取材は最小限となった。長い刑事生活において不健康な生活を続けた影響もあったのだろう。大峯氏はいくつかの持病を抱えているため、その健康を最優先する必要があった。取材者として苦渋の展開となったが、二年間という時間が大峯氏の考えを理解するよい醸成期間となったのではないかと思う。

本書を執筆にあたり多くの方のお世話になった。

大峯氏との出会いは、フジテレビ編成制作局の安永英樹氏から紹介を受けたことがきっかけだった。元警視庁担当の敏腕記者だった安永氏からは本書についても様々なアドバイスを頂戴した。改めて感謝の言葉を申し上げたい。

「文藝春秋」で連載を担当してくれた後藤祐実氏とデスクの中村毅氏にも感謝したい。特に後藤氏には企画段階から様々なアドバイスをもらい、取材を最後までサポートしてもらった。

連載後半は「文藝春秋デジタル」に場所を移した。連載を担当した村井弦氏、単行本の編集では島田真氏にお世話になった。

実は編集者諸氏は、私が「週刊文春」記者時代に、上司または同僚として共に取材や執筆をした〝仲間〟ばかりだった。大峯氏が警視庁捜査一課という場所を愛してやまなかったように、週刊文春編集部は私にとって忘れ得ぬ場所である。かつての上司や同僚と再び仕事をする機会に恵まれたことは大きな喜びだった。

令和三年三月十五日　赤石晋一郎

追記

二〇二一年一月二十四日、元警視庁捜査一課長である寺尾正大氏が永眠された。オウム真理教による地下鉄サリン事件などの捜査を指揮し、その類まれなる人心掌握術で〝大一課長〟、〝ミスター一課長〟と呼ばれた人物だった。大峯氏が最も敬意を持っていた上司であったことは書中に記した通りである。

もう一人の〝伝説の刑事〟として、ぜひお話を聞きたかっただけに訃報が残念でならない。ご冥福を心よりお祈りしたい。

参考文献

安倍隆典『疑惑の銃弾　三浦和義との闘い』文藝春秋　１９８５
週刊文春特別取材班『総集篇 疑惑の銃弾』文藝春秋ネスコ １９８５
澤地和夫『殺意の時　元警察官・死刑囚の告白』彩流社 １９８７
ジミー佐古田　佐々淳行監訳『日米合同捜査　ロス検事局と警視庁捜査第一課』講談社 １９９６
毛利文彦『警視庁捜査一課殺人班』角川書店 ２００５
安永英樹『肉声　宮﨑勤30年目の取調室』文藝春秋 ２０１９

初　出

序　章　書き下ろし
第一章　文藝春秋デジタル　２０２０年２月23日
第二章　文藝春秋デジタル　２０２０年３月29日
第三章　月刊「文藝春秋」２０１９年４月号
第四章　月刊「文藝春秋」２０１９年６月号
第五章　月刊「文藝春秋」２０１９年５月号
第六章　文藝春秋デジタル　２０２０年５月24日
第七章　文藝春秋デジタル　２０２０年８月20日
第八章　書き下ろし
終　章　書き下ろし

単行本化にあたり、書き下ろしを加え、掲載時の原稿に大幅に加筆した。

赤石晋一郎 Shinichiro Akaishi

1970年生まれ。南アフリカ・ヨハネスブルグで育つ。「FRIDAY」、「週刊文春」記者を経て、2019年にジャーナリストとして独立。日韓関係、人物ルポ、政治・事件、スポーツなど幅広い分野で執筆を行う。著書に、『韓国人、韓国を叱る　日韓歴史問題の新証言者たち』（小学館新書）がある。

完落《かんお》ち

警視庁《けいしちょう》捜査一課《そうさいっか》「取調室《とりしらべしつ》」秘録《ひろく》

二〇二一年四月十五日　第一刷発行

著者　赤石晋一郎《あかいししんいちろう》

発行者　島田真

発行所　株式会社　文藝春秋

〒一〇二-八〇〇八
東京都千代田区紀尾井町三-二三
電話　〇三-三二六五-一二一一

印刷所　精興社

製本所　大口製本

組版　言語社

 ISBN978-4-16-391358-2
Printed in Japan